新闻文论集

刘家伟

—— 著

社会科学文献出版社
SOCIAL SCIENCES ACADEMIC PRESS (CHINA)

刘家伟

男，1965 年 6 月生人，博士研究生学历，高级编辑，现任工人日报社总编辑。曾多次获中国新闻奖、中国新闻名专栏奖，先后入选“文化名家暨‘四个一批’人才”和“全国新闻出版行业领军人才”。

花开一路（自序）

曾经有人问我：你热爱新闻事业吗？当然还有更客气的，例如：看得出来，您一定非常热爱这项工作，对吧？

必须承认，我自己从来没有认真想过这个问题，不想是因为我始终不认为这是一个真问题。就好比做人，既然生而为人，就应该说人话、做人事，为人父母就应该有为人父母的样子，为人子女也应该尽为人子女的本分，如此而已。这时候，要是有人问你热爱做人吗，岂不搞笑？

我认同干一行爱一行，既然干了，就要努力，就要往好了干。而这一过程中自己是否快乐或者有过快乐，我倒认为是一个严肃而真实的问题。

回首过往，我以为自己有过两段快乐的时光。之所以这么肯定，是因为每每想起那些日子，心底都会有一种难以言说的情绪，类似内心柔弱的地方被击中的感觉，又仿佛是一切都回不去了的叹息。其中之一即与自己的职业生涯有关。

从 20 世纪 90 年代开始，一种叫时评的文体蓬勃发展至今。20 年前，我有幸创办并主持了报社新闻评论版。回想那五年的时光，画面似乎总是定格于午后的阳光灿烂与办公室的激情澎湃。每天从邮箱浏览二三百篇的来稿，那种阅读的快乐，不仅因为新奇有见识的观点与思想，还因为时评作者们的引经据典，每每使自己仿佛置身于与大师们的面对面交流。得益于这样一个平台，那时年轻的我们可以指点江山激扬文字，而很高的网络转载率又让我们有了某种真真切切的成就感。所以，这本小册子选取了 20 篇那一时期发表的评论作品，也是为了纪念职业生涯中的这样一段日子，纪念曾经“激情燃烧的岁月”。

《工人日报》的新闻评论版有一个栏目叫《我在我思》，我很喜欢。“我思故我在”世人皆知，但因为很高深不敢轻易往上凑，用今天的话说多少还有点刷存在感的意思，我反倒认为“我在我思”更平和、更实在，更适合我等——我在，就首先有个在的状态；我在了，我还思，这就显得不是没脑子，显得有态度，还要求上进。从这个意义上说，本书收录的 17 篇有关的新闻论文，也是我自己职业生涯的“我在我思”。即便从个体的视角，也依然折射了新世纪以来传媒格局、媒体业态发生的深刻变化，凸现了互联网传播时代主流媒体对于内容的定义与把握、内容的生产与分发等核心问题的关注。

我以为，新闻事业是一项需要激情的事业，新闻工作是需要素养、知识和能力支撑的一份工作。在干了二三十年之后，我还意识到，这是一个需要不停奔跑、不能停歇的职业。在路上，是我们永远的状态——我们都在努力奔跑，我们都是追梦人。

身处一个飞速发展的时代，今天的媒体格局、舆论生态、受众对象、传播技术正在发生深刻的变化，新技术催生的变革一次次碾压无数人的想象。转型时期、深融年代，在这个行当里，以往的一些观念、模式，曾经的经验、荣誉，某些时候甚至可能成为前行的障碍和负担。与此同时，后浪呼啸而来，惊涛拍岸，裹挟之下，前浪除了奔涌别无选择。

所以，只能往前走。好在泰戈尔说了：只管走过去，不必逗留着去采了花朵来保存，因为，一路上，花朵会继续开放的。

是啊，往前走就是。往前走，就会欣赏到花开一路——就我个人而言，无论之于新闻工作，还是职业生涯，这是一种态度，亦是一种心境。

刘家伟

2020 年 6 月于北京

目　录

第一部分

建立起对理性的“强烈信赖”

——新闻评论批判性辨析

近年来，国内报纸的新闻评论渐成繁荣局面，究其原因，至少有以下几个方面：一是随着社会的进步和发展，一种健康的舆论生态在逐渐形成，越来越大的社会宽容度、宽松度，为新闻评论的繁荣创造了良好的外部环境。二是近年来媒体竞争的现实需求，大大拓展了新闻评论的发展空间。不少报纸纷纷设立新闻评论版，强化新闻评论，乃是基于这样一种认识——信息时代人们需要新闻，但更需要对新闻的解读；信息时代的媒体竞争，在很大程度上不仅是新闻题材的竞争，更是在对新闻事件、新闻题材总体把握之上的新闻解读之争。三是一大批“理性、建设性”的新闻评论，从各自的视角对新近发生的一些重大的、全局性的、前沿性的新闻事件发表意见，从而追求新闻价值的最大化，为读者提供了多角度、多层面的观照及参考——这在很大程度上带动和影响了新闻评论的进一步发展。

除此之外，或许还有一个重要因素不可忽视，即新闻评论的应运而生部分地契合了现代人对价值理想的思考与追求。因为，不管人们内心是否真正意识到，批判性都是新闻评论的重要价值之一，这一点是毋庸置疑的。

正是因为这一内在的价值，新闻评论存在的意义已为越来越多的人所认同。正是基于上述诸多的背景，对新闻评论批判性的探讨、辨析，便自然而然地成为一种客观要求。

一　我们理解的批判，首先应当体现一种责任、一种关怀、一种良知

新闻有其自身的规定性和规律。我们知道，新闻不仅是对社会存在的反映，而且是在一定理论和价值观指导下，经过对客观事物的选择、提炼、加工，对社会生活的比较系统、定型、自觉的反映。因而从更大范围来讲，正如自然界和人类社会的发展可以视为一个宏大的批判过程一样，新闻的发展也可以视为一个批判过程。

所谓批判，其实就是站在一个更高的层面上，对历史或现实进行甄别和审视，对人或事进行分析和解剖，以期发现问题和解决问题。其最终目的是更好地发展，其着眼点是广阔的未来。批判的充分必要条件，是思想、人格和精神的独立，因此批判所引申出来的丰富内涵和积极意义，便远远地大于批判本身。

同理，我们今天所追求的新闻评论，其批判性当更多地体现这一特质。面对纷繁复杂的新闻现象、新闻事件，是简单否定，还是有鉴别有取舍、有理性有思考，这不仅涉及思想方法问题，也涉及主动性和意识性问题。

我们注意到，在近年来见诸媒体的不少新闻评论中，尤其是在大量最终未能见报的来稿中，这样一种倾向是存在的——不管是什么样的政策，只要一出台，“我”就

开始“质疑”；不管是什么样的举措，只要一有动作，“我”就得挑毛病；不管是什么语境下的一句话，只要说了，“我”就可以无限放大甚至“上纲上线”；不管是谁做错了点什么，那么对不起，谁让你是大学生？谁让你是富人？谁让你是明星？谁让你是官员？“我”就得拿你的身份说事……

那么，“质疑”不对吗？不可以挑毛病吗？或者干脆说，不能批评啦？不能批判啦？绝对不是。问题在于：我们需要什么样的“质疑”？我们需要什么样的批评？一句话，我们不能为批判而批判。

举例而言，不久前公安部曾公开提出“命案必破”的奋斗目标，一时间引发评论如潮。现在回过头来看，就颇能说明一些问题。其中，当然是大量“质疑”的声音，什么作秀啦、花架子啦，等等，很是热闹。更有甚者，认为搞“命案必破”，就必然会使其他一些犯罪案件无人管，就必然会导致刑讯逼供、冤假错案。

如果我们稍具一点理性，或许就可以这样来看待问题：既然生命权是公民最宝贵的权利，那么，“命案必破”不比“命案不破”要好吗？为什么要这么简单地去否定它呢？

事实上，不少评论正是在这一层面来看待这一问题，认为这一目标的提出，表明公安机关实现了执法观念的转变，日益彰显尊重并保障公民生命权利的价值理念。更有评论指出：“‘命案必破’体现了一种高度的责任感，体现了对人民群众的情感回归，是对‘以人为本’、‘群众利益无小事’的具体落实，是‘立警为公、执法为民’

理念的生动诠释。”

不仅如此，还有不少评论在肯定这一做法的同时，对防止其可能导致的一些问题，例如刑讯逼供、冤假错案等，发表了许多独到而可行的建议——我们知道，批判就是发现、分析时代发展中的问题，建构就是探索解决问题的根据、条件以及事物发展的方向——这种强调批判与建构相统一的认识与实践，具体到这一事件，对于有关方面实现奋斗目标，并在这一过程中切实防止某些问题的出现，继而完善制度、增强可操作性，无疑更为有益。因而，它是“理性的、建设性”的。

简单否定是容易的，但它无助于问题的解决；对现实存在事物不断追问的“问题意识”是可贵的，但还应该不断探讨解决问题的条件。毕竟，离开了批判，建构就失去了目的性意义；而离开了建构，批判就成了无声的呐喊。

归根到底，对某些不合理的社会现实“从不失语”，本身就是一种责任。只有首先具备了这种责任感，才能使得批判精神和反思精神充满了人文关怀，才能更充分地体现我们所说的社会良知。

二　我们所看重的批判精神，乃是以理性为最高原则的

不能为批判而批判，这句话还有一层更重要的含义，即批判的具体内容固然值得关注，但是，更值得关注、更有价值的，是在这一过程中所体现的精神——批判精神。就哲学批判精神而言，无论是对现实存在事物不断追问的“问题意识”，还是其批判的彻底性，其积极意义已远远地

超出了批判本身。我们知道，批判精神一经提出，乃是以理性作为一切认识、一切活动以及一切道德的最高准则。

科学在本质上是批判性的。科学拒绝任何组织特别是非科学权威对真理的压制。因而，科学家对理性的信赖特别强烈，也必须特别强烈。或许，这已经给了我们足够的启示：我们在从事新闻评论的写作实践中，同样应当建立起对理性的“强烈信赖”。

马加爵当然必须接受审判——包括法律的和道德的，因为他杀人了。但是，不能因为他是大学生，整个大学生群体就必然地要遭到非议、责难甚至是道德审判。毕竟，“马加爵事件”仍然是一起个案，他杀人与其大学生身份并无必然联系，他是大学生，他也可以是别的什么人，在这里，“大学生”三个字并无特定的象征意义。因而我们说，由“马加爵事件”立马发起对大学生群体的“质疑”，这是缺乏现实依据的，所以是有失理性的。因为缺少了理性，所以就缺失了起码的公正；因为缺少了公正，所以就可能对无辜的人构成某种伤害——应该强调的是，保护更多的人的合法权益不受侵害，这本身就是媒体的道义所在、责任所在。

即便如“关怀”，同样应该多一点理性。爬吊塔以死相逼索要工钱的民工是值得同情的，因为他们遭受了不公正的待遇。但是，我们的着眼点应当放在，谴责导致这种不公正的形形色色的社会力量，以期引起社会方方面面的重视，探讨从根本上解决问题的条件。那种对爬吊塔民工无原则、无条件、不加限制的同情，则可能走向良好愿望的反面：不仅无助于问题的解决，反而可能从客观上起到纵容和鼓励的作用，从而导致更多类似的恶性事件；不仅无益于净化市场环境，反而可能构成对法治价值的破坏。

一个富人被杀，立即就联想到“仇富”；一个穷人遭遇了某种屈辱，立即就要“捍卫”贫困者的尊严……这种“钻牛角尖”式的议论，之所以时常见诸一些新闻评论之中，固然与认识水平有关，更与理性缺失有关。

三　我们所说的批判，不仅需要勇气，同时还需要能力

批判需要勇气，这是很容易为人们所理解的。如果一个社会成了型，抑或一个团体、一种环境已相对固定，那么，它们就会毫不犹豫地把批判者视为“异端”，这就是批判之旅往往很难的原因所在。值得欣慰的是，如同一个精神健康的人闻过则喜一样，一个健康的社会也会包容和原谅对它的批判。

与此同时，批判还需要相应的能力，这一点也必须得到同等的强调。就新闻评论而言，既然它是对新近发生的一些重大的、全局性的、前沿性的新闻事件发表意见，那么，首先就要求从事这一实践的人，对新闻现象、新闻事件有一个整体的把握。为什么选择这一事件、这个视角？为什么谈这个问题、是否具有普遍意义？其本质是什么、对立面是什么？其内在的逻辑关系是什么？应当说，对类似这些问题的回答，实际上已成为一个基本的前提。

其次，站在一个更高的层面上，审视或解读某一新闻事件，或者对某一社会现象作出深刻而全面的批判，其另

一个前提则是：要有广博而深刻的知识。然而我们面临的尴尬是，即便知识渊博如专家学者，他们也很可能在极窄的领域内知识很多，在广泛的范围内知识相对很少。除了自己的专业，在其他领域他们或许与普通人并无二致。目前之所以出现类似新闻评论“扎堆”、观点雷同以及“水分”大等现象，说到底，与从业者的知识储备不足密切相关。一些文章通篇都对，但缺乏针对性，放在这里也行，放在那里也可以；一些评论架子拉得很大，但见解不免流于浅薄；更有甚者，某些议论或隔靴搔痒，或充满偏见，或贻笑大方……知识的欠缺直接损害了批判能力；有心无力，势必无法面对更多、更复杂的社会问题。

有必要单独加以强调的是，我们今天所讨论的批判，其实是一个中性词。批判就是剖析，就是鉴别，就是取舍。既然是分析、反思、追问，无疑具有否定的含义，然而在对现存合理性追问的同时，又必须进一步探讨其被超越的根据和条件——因而有人说：“批判也是建设。”基于此，作为新闻评论的“批判”，同样存在一个“度”的问题，这是新闻舆论自身的特点和优势所决定的。把握好“度”，简单地讲，就是要防止只讲一个方面而忽视另一个方面，防止一种倾向掩盖另一种倾向，防止简单化、绝对化和片面化，使得这种剖析、鉴别、取舍符合客观实际，符合辩证法。或许，这也可以视为我们所讨论的能力的一个重要方面。

（原载于《新闻战线》2005 年第 5 期，本文曾获第十六届中国新闻奖新闻论文三等奖）

新闻评论是关于新闻的“消息”

——兼谈新闻评论的新闻性

一般来说，强调报纸新闻评论的新闻性并不可能招致异议。因为众所周知的是，新闻是报纸生存的根本——新闻评论作为报纸的重要组成部分，其新闻属性是与生俱来的。即便从概念出发，我们知道，新闻评论是现代新闻传媒手段普遍应用的、面向广大受众的一种新闻体裁，新闻性是其基本特性之一。

那么，问题的提出是否多余？实践过程中的某些倾向、某些表现使我们感觉并非如此。这些倾向大体表现在以下几个方面：其一，在已经见诸媒体的新闻评论当中，有相当一些议论与新闻事实本身有某种游离甚至偏移。换句话说，有许多讨论并非建立在新闻的基础上，所谓的新闻，仅仅被当成阐述某些观点、某些学理的简单由头。其二,一些所谓的新闻评论，存在太多对常识的炒作。因为停留在简单的、基本的层面，大而无当、大同小异等问题便难以避免。其三，我们注意到，关于新闻评论的时效，一直以来是一个批评的焦点问题。有人将某些评论的失真、粗鄙、简陋归咎于过分追求新闻时效性，认为正是因为强调了时效，而使得一些评论文章失去了原本应该具有的文本价值。其四，不能不承认的是，迄今为止，那些好看的并产生广泛影响的新闻评论，有相当一部分并非出自“新闻人”之手，而是出自各个方面的专家学者之手。现在的问题是，为什么本该具备更多新闻敏感的新闻人未能很好地做到这一点？在一些人呼吁新闻评论专家化的同时，其新闻性如何得到更多的强调？

类似的情况还有一些，尤其在操作过程中，那种有意无意削减和弱化新闻性的倾向是存在的。有鉴于此，对于这一问题的深入讨论实属必要。

一　新闻评论的最大特点仍然是新闻性

我们可以从两方面来看待这一问题：从大的方面讲，新闻评论是刊登在新闻纸上的，这就决定了任何时候我们都需要把新闻性放在第一位。新闻在哪里，新闻是什么，新闻版需要关注的这些问题，新闻评论版同样需要关注。事实上，新闻评论不仅是评论，同时应该是最具时代信息和关注力的评论，对其新闻价值，例如读者性、信息性、影响性、贴近性、异常性等的把握，将使其像热点新闻一样，有了受众和需求。从小的方面来讲，任何一篇新闻评论作品，都必然包含论题的时效性、内容的鲜明性和批评的普适性——而这，恰恰是新闻性的具体体现。

有一种说法：“新闻评论属于观点新闻。”这句话的意思可以简单理解为，新闻评论是关于新闻的“消息”，它以“观点”的形式，直截了当地告诉读者新闻，告诉读者新闻背后的信息，告诉读者新闻蕴含的意义，告诉读者新闻发展的趋向，告诉读者媒体对待新闻的态度。至此我们可以发现，新闻评论的应运而生，乃是媒体强化新闻、拓展领域的一个突破口——显而易见的是，新闻事实或许只有一个，新闻评论则大不一样。认识问题的角度、深度，解决问题的见仁见智，甚至语言风格、思维习惯的差异，将形成一个巨大的竞争空间，继而形成自己的风格，产生更大的影响力。如果认同这一观点，至少我们可以得出这样的结论：新闻评论作为固有的一种新闻体裁，正随着新闻观念的发展变化而发展变化，其新闻性正在得到更加突出的强调。

二　强调新闻性，也就是强化评论的针对性

评论要有针对性，这是人所共知的常识。新闻评论的新闻性，其具体含义可以概括为：强烈的时效性、评论对象的特定性以及直接的针对性。如果一篇评论只有时效，而没有针对性，那么，充其量只是对新近发生的新闻事件的评述。

所谓针对性，可以简单理解为：为什么要说？针对什么而说？对立面是什么？要解决什么问题？希望读者从中得到什么？等等。例如，关于“孙志刚事件”，媒体刊发的大量评论就有很强的针对性——针对的是过时的、已明显不适应社会发展要求的收容办法。正因为如此，它才对人们认识问题继而解决问题产生推动作用。

新闻评论的针对性主要强调的是“直接”，“直接”针对客观实际、针对社会关注的焦点、针对受众的疑难，而不像一般的论说文、政论文那样，针对性相对宽泛。一篇评论究竟想说点什么，总是根据客观实际的需要选择切入点，选择不同的角度和不同的层面，力求切中要

害。这就需要首先对新闻事件、新闻价值有一个总体的把握。一句话，首先应该在新闻层面考虑问题，把新闻性始终摆在第一位。是否可以这样说，凡是那些好看的、影响广泛的新闻评论，都是在强烈的时效性、评论对象的特定性以及直接的针对性这三者的有机统一中较好地体现了其新闻性的本质。

或许，这里还有一个问题需要加以讨论，那就是关于“常识”。一种观点认为，新闻评论需要的并不是专业化知识，而是常识和理性。这句话很容易为人们所理解和接受：正如经济学家致力于把经济学的常识告诉人们一样，新闻评论实际上是致力于把社会生活的那些常识告诉公众，从而有助于人们更好地认识问题继而解决问题。现在的问题在于，那些人人皆知的道理、人人都能作出的判断当然是常识，那么，那些不易被人觉察的、往往被人忽略的、一些人还不习惯的、就某一具体领域来说属于基本常识的认识呢？其实，这是更应该得到强调和传播的常识。而我们所说的“对于常识的大量炒作”，就是指那种停留在“表扬”与“批评”的朴素层面说事的倾向，其突出特点是：空泛、无的放矢、不具有针对性。强化制度、完善法律、追究责任，这些都对，大家都这么说，但对某一具体事件、具体问题而言，仅有这种认识显然是很不够的，仅靠这种“常识”也是无法指导实践的。

三　用新闻的视角来审视新闻评论，本质是要更多地关注社会现实和主流新闻

由于新闻性这一基本特征，从某种意义上说，新闻

评论也成为一种“易碎品”。它的存在价值，它的社会作用，取决于它与现实社会生活的紧密程度。当然，这并不是说新闻评论不可能产生长久的社会影响，而是强调“言当其时”，强调不可脱离社会现实和主流新闻。

基于这样一种要求，就必须引入新闻观念，借助新闻的某些运作方式，用新闻的视角来审视新闻评论。具体来讲，所谓引入新闻观念，是指面对纷繁复杂的新闻事件、新闻现象，可以按照新闻的归纳方法来加以概括、加以把握。可以是动态选题，也可以是静态选题；可以是一个突发事件，也可以是一种现象，一系列新闻事件的大背景；可以是一种精神需求甚至一种情绪，也可以是一种观点或一个道理……最终，拓展其内涵的跨度，实现其表达方式的自由。所谓借助新闻的某些运作方式，简言之，就是以新闻版的方式进行操作，使抢新闻、扩大信息量成为一种习惯。例如，对于一些重大的、公众普遍关注的新闻事件，也可以有策划；标题的制作，尽量向新闻靠拢，使之包含更多的新闻要素；等等。用新闻的视角来审视新闻评论，突出的则是一个“新”字：有没有新的角度、新的思路？到底有几句新话、几点新意？有没有原创、有没有新的高度？当然，这里恐怕很难用几个W来加以衡量，但是，求新意识必须贯穿始终。

与一般的学术探讨和理论文章不同，新闻舆论的优势和特点决定了新闻评论只能倡导一种短小精炼、语言精美、观点精辟的文风。那么，如何在强化新闻评论新闻性、获得轻盈和灵动的同时，又不失去文章的凝重和厚实——应当说，这是一个问题的两个方面，需要我们认真解决。

四　不妨将新闻评论当成报道方式的一种，对于“新闻人”来说，更是如此

或许，讨论这样一个问题，本身就蕴含一定的风险，在诸多认识问题尚未解决之前，极易招致指责。众所周知，在传统的报道领域，体裁已相对固定，包括消息、通讯、新闻特写、新闻图片等，传统意义上的评论，与此是有一定区别的。

最大的问题在于，新闻是客观的，而在更多人的概念里，评论是主观的产物。其实，如果我们稍加分析，这种看法并不全面。观点、意见、看法乃至思想，固然因人而异，固然包含许多主观的因素，但就新闻评论而言，既然所依据的新闻事实是客观的，那么，所有的分析、思考也都应该建立在客观基础之上，使之符合客观实际，符合辩证法。归根到底，它仍然应该体现一种客观。在新闻实践中，这种主观与客观是难以分开表述的。而对于新闻评论的不正确的理解，往往是把主观性与事物本来面目的客观性摆在相互对立的位置上。如果说，目前确有一些新闻评论未能做到立论有据、持论公允，甚至信口开河、无病呻吟、充满偏见，那么，这也并不意味着新闻评论就应该是这个“模样”的，相反，这恰恰说明，一些人在认识上进入了某种误区，恰恰说明这个问题确有讨论的必要。

事实上，在实践层面，新闻的概念包括体裁也是

与时俱进的。例如，近期比较多见的解释性新闻，尽管还没有人给出一个准确的定义，但是，这并不影响媒体和“新闻人”展开有益的尝试，并由此获取更广泛的影响力。随着信息社会的到来，目前新闻媒体都面临一个共同的问题，即新闻的低质量重复，主要新闻都差不多，甚至新闻的获取渠道也差不多。在这种情况下，“独家新闻”的概念也在发生相当深刻的变化。今天的“独家新闻”，不应仅仅是抢到了第一落点和第一时间，还意味着独家观点、独家角度、独家方法等。

认识到这一点，相信会有更多的“新闻人”能够认同“将新闻评论当成报道方式的一种”。回到前文提到的问题上来：为什么迄今为止那些好看的新闻评论中相当一部分并非出自“新闻人”之手？这个问题可以从两方面来看：一种情况是，那些各个方面的专家学者对问题的认识和研究确实比“新闻人”深刻，对学理的阐述更为严谨，这从某种意义上对“新闻人”提出了更高的要求；第二种情况是，许多的“新闻人”出于对“纯新闻”的追求，不愿意或不屑于从事新闻评论方面的实践，认为那只是媒体搞评论的那几个人的事，或者只是社会上那些“时评家”的事。我们相信，如果少一些类似的看法，如果让以追求新闻为天职、更具新闻敏感的“新闻人”来干这件事，相信新闻评论会更好看，更能以新闻点来抓人眼球。可以佐证的例子是，就国际范围媒体的发展趋势来看，能够从事新闻评论的人，往往是从优秀的编辑、记者中产生的。这在很大程度上并不是因为这些人更具专业化知识，而是这些人对新闻的判断更准确，运作更到位，对新闻性的把握更恰当。当然，强调新闻性，我们并不是说就可以忽视评论的思想性，评论归根到底就是评论——只是，这属于另外一个问题。

（原载于《新闻战线》2005 年第 7 期）

新闻评论稿件的取舍原则及相关问题

评论之于媒体尤其是纸质媒体的重要性如今已无须多说。事实上，诸如时评类的文章目前占据了许多报纸的显著版面和位置，并日益显示出各自不同的特点。

回顾《工人日报》新闻评论版一年多的实践，我们越来越强烈地感觉到，必须加强相互间的沟通与交流，并在此基础上加强对新闻评论的研究和探讨。

一 新闻评论稿件的取舍原则

说到取舍原则，必然与媒体新闻评论自身的定位有关。创办之初我们设想，《工人日报》的新闻评论，应当对新近发生的一些重大的、全局性的、前沿性的新闻事件发表评论，从而追求新闻价值的最大化，为读者提供多角度、多层面的观照及参考。有鉴于此，我们有意识地强调了四个方面，即突出舆论监督功能，解决针对性的问题，追求原创思想，倾注人文关怀。

本文结合《工人日报》新闻评论版的定位及实践，就一些相对具体的问题谈一点个人的认识和看法。

1. 新闻性

如果说《工人日报》的新闻评论有什么特点的话，那么我认为，新闻性是其中较为突出的一点，这一点也得到了许多读者的肯定。

在日常编辑工作中，我们确立了这样一个原则，即关注每一个重大事件和重大新闻。通常情况下，新闻评论是对已经发生的新闻事实发表的看法、观点、分析等，因而我们在选取稿件的时候，首先关注的问题往往是：新闻在哪里？新闻是什么？换句话说，在任何时候，新闻性都是第一位的。

追求新闻价值的最大化，是我们办新闻评论版的宗旨之一，也是我们一直努力的方向。没有新闻，也就谈不上新闻价值的最大化。与此同时，我们注意到，尽管不少稿件的文字乃至观点都是相当不错的，但因为缺少了“新闻”这个最基本的要素，许多时候只好被我们忍痛割爱了。

还有一种最为突出的情况：时效性太差。许多稿件文字准确、议论精当，但要么所评论的事件已是旧闻，要么就总比人家慢了半拍，最终这些稿子也是没有办法用的。

2. 针对性

评论要解决针对性的问题，这是一个常识。看待任何一个新闻事件，我们都可以有许多不同的角度甚至不同的层面，而对于一些问题，包括一些重大问题的讨论甚至争论，在今天也是允许的、必要的。因此可以说，新闻评论所覆盖的面是相当广泛的，关键在于，我们想说点什么。

实际上，这个问题与上述新闻性的问题是有关联的。如果缺少基本的新闻事实，所谓的针对性，所谓的有的放矢，往往就是一句空话。我们经常见到这样的稿子，通篇说的都对，毛病就一个：空泛。放在这里也行，放在别的地方也没什么不可以。

而空泛恰恰是新闻评论的大忌。事实上，每一个新闻事件都必然有它特定的生成条件。针对每一个不同的新闻事实、新闻现象，或探寻其成因，或分析其走势，把这些表面上看起来似乎是偶然的、个案的东西上升到普遍的意义上予以观照和认识，那么，这样的文章与空泛之作自是不可同日而语。在日常的编辑工作中，也正是这样的稿件一次次地触及我们的“兴奋点”，坦率地讲，正是这样一些东西的存在，让我们体味着工作的意义。

3. 思想性

思想之于评论，好比新闻诸要素之于新闻作品，是不能缺少的东西。因此，新闻评论必须具有思想性，这不是一种过高的要求，而是题中应有之义。

我们通常所说的思想也不应该是一种很玄乎的东西，它实际上可以体现得很实在、很具体。

其一是看问题的角度。从哪个角度切入，从哪些可能是独特的视角来看待某些事件某些现象，反映了一个人对这类事件这类现象的总体把握，不仅如此，它更反映了作者的思想方法问题。

其二是鲜明的观点及其内在的逻辑关系。很多时候，许多人误以为这是一个写作技巧问题，因为我们在学习写作议论文的时候，老师告诉我们要有论点、论据、论证等，但实际上它更多的可能还是思想水平问题。平时对一些问题有没有思考、有没有积累，与之相对应，反映在文章里就是有没有观点、观点之间有没有逻辑和层次。

其三是原创思想。相比之下，这是一个很高的要求。应该说，在我们刊发的大量稿件当中，能够提出独家观点，能够称为有原创思想的文章还是很少。面对纷繁复杂的新闻事件，如果能够提出一些独到的见解，能够有一些独家的概括和提炼，那么这样的文章常会给人一种耳目一新的感觉，它对社会所产生的影响相对而言往往要大得多。

二 涉及新闻评论的若干认识和把握问题

这是一个很大的题目，也是一个很大的问题，在有限的篇幅里是不可能完全说清楚的。例如，前面谈及的稿件的取舍原则，在某种意义上说，也是认识和把握的一部分。在此把“认识”和“把握”单列出来说，因为在我看来，它属于必须解决的基本问题。

1. 不要停留在表扬或者批评的简单层面上，而应该重在探讨

我们发现，很多时候，很多人对于新闻评论的理解过于简单化。在一些人的眼里，这些文章要么是批评，要么是表扬，两者只能居其一。不可否认的是，无论哪种观点，它确实体现了某种倾向性，表现为对某一事件某一问题的赞许或不赞许。但是，如果仅仅停留在赞许或者不赞许的层面上，那么所谓的新闻评论实际就失去了存在的意义，因为，这些东西在新闻的报道过程中往

往已经客观地得以表达、得以完成。

换句话说，仅仅赞许或者不赞许，仅仅为了表达表扬或者批评的意思，这样的新闻评论是不到位的，因而差距是很大的。因此，我认为，表扬也好，批评也好，这些都不是新闻评论的根本目的，甚至在很多时候这些都是可以被忽略的，重点在于：通过对一些人们赞许或者不赞许的新闻事件的充分讨论，上升到一般意义上予以观照，从中找出一些带有规律性的、普遍性的东西，以期对社会生活产生积极影响。

2. 以一种客观而非情绪化的态度看待事物看待问题

这个问题既涉及思想方法，也涉及文风。我们常说，新闻应该客观，在这一点上估计是不存在分歧的。那么，新闻评论是否可以并且应该体现出一种客观？

回答应当是肯定的。尽管新闻评论属于一种个人的观点，一般地理解，观点当然是主观的东西，但实际上，这种认识是有害的，因而是不足取的。道理在于，既然新闻事件新闻现象是客观的，那么所有的分析探讨、观点结论都应该立足于事实，是基于客观的。如果不是这样，就容易导致不少评论文章常见的一些通病，例如钻牛角尖、无限联想、主观臆断、危言耸听，等等。如果再加入一些个人好恶等情绪化的东西，所得出的结论不但难以立足，难免还会与社会现实差之千里。

反映在文风上也是如此。是一吐为快，刻薄挑剔，甚至出口伤人？还是平和地讲道理，理性地探讨问题，审慎地评说人事？其中高下，在此已没有讨论的必要。

3. 恰当的“隐讳”是必要的，同时体现了作者乃至媒体本身的理性和宽容

这句话用另外一种方式表达可能更为恰当：作者乃至媒体应当体现一种理性，体现某种宽容，例如在是否“隐讳”的问题上，往往能够反映出作者乃至媒体的成熟与否。换言之，根本点倒不在于“隐讳”不“隐讳”，而在于对类似问题的处理上透出一种大气。

讨论这样一个问题，自然而然地与前述新闻性问题有关系。我们知道，就新闻而言，时间、地点、人物当然必须详尽，它不可以为当事人，甚至有时候也不可以为涉事人“讳”，这是新闻的基本要求。那么，新闻评论有时为当事人或涉事人“讳”，是否与我们所说的“新闻性”构成矛盾呢？

我认为，具体问题应该具体分析，因为有些情况需要慎重对待。举例说明：不久前沸沸扬扬的清华大学学生刘海洋“伤熊”事件，媒体发表了大量的评论。我们注意到，一些媒体一些文章基于所涉及问题的各有侧重，均对涉事方有所“隐讳”，例如，有的“隐”去了“清华大学”这一涉事方，因为所要讨论的问题与具体哪所大学没有必然的联系；有的“隐”去了大学生这一身份，因为是不是大学生并不说明什么问题；有的“隐”去了“刘海洋”这个名字，因为当上升到一般的意义上来看待类似问题之后，这个人叫“刘海洋”还是“李海洋”已经不重要了……

当我们细细体味这种“隐讳”的时候，我们发现，其“新闻性”并没有因为有所“隐讳”而受到影响，相反，由于作者或者媒体有意识的“隐讳”，使一些涉事方受到了应该受到的保护，从而使他们避免了一些不必要的压力甚至伤害，媒体在体现了理性宽容的同时，更显示了大气与责任。

尤其对于某些尚无定论或者难有定论的事件的讨论，我认为这一原则应该优先考虑。因为归根到底，保护每一个人的合法权利不受侵犯也是媒体的责任。当然，并不是说任何时候都可以一概地以“某地”、“某人”、“某些部门”含糊其词，在大多数的情况下，新闻仍然需要具体。这一点是毋庸置疑的。

4. 新闻评论应当侧重于解决人们的认识问题，而非具体的操作问题

提出这样的观点，并不意味着操作层面的问题不重要。我们承认，认识重要，操作也很重要。但是，抛开篇幅等因素不谈，一个基本的事实是，当涉及某一问题的具体操作层面的时候，媒体的评论没有任何优势可言：论及学术价值或者理论水平，肯定比不上这些领域的专家学者；谈到具体措施或者操作办法，比不上业内的行家及相关的管理者、决策者……

尽管如此，媒体仍然可以并且应该发声，因为媒体有媒体的优势。我理解，这种优势在于：媒体在密切关注社会的同时，往往能够自觉地把某些事件某些现象置于社会这个大背景下加以考察比较，以凸显、强化这些事件这些现象所蕴含的思想认知意义，从各种不同的角度为人们从更高的层面认识这些问题提供借鉴，最终促使人们寻找对策解决问题推动进步。

因此，我们说新闻评论应当侧重于解决“认识”问题，很大程度上是出于扬长避短的考虑。如果我们总能保持这样一种优势，充分利用自身的长处，那么我想，我们所说的新闻评论的存在是很有意义的。

（原载于《中国记者》2002 年第 10 期）

追求原创思想　倾注人文关怀

创办于 2000 年 11 月 6 日的《社评》专栏是《工人日报》新闻评论版的重头栏目。它以每周一至周五、每天一篇不间断的形式推出社评文章，在中央各大报中独树一帜，并产生了良好的影响。

创办一个专栏，首先要明确自身的定位。创办之初，我们设想，《工人日报》的“社评”，应当对新近发生的一些重大的、全局性的、前沿性的新闻事件发表评论，应当关注我们视野范围内所有的重大问题，以时评的形式反映我们的思考，反映我们对新闻的把握以及对新闻价值最大化的追求，为读者提供多角度、多层面的观照及参考。有鉴于此，我们有意识地强调了四个方面，即突出舆论监督功能，解决针对性的问题，追求原创思想，倾注人文关怀。

事实上，我们一直在这一思想指导下努力开展工作。两年多来，专栏的作者均为本报的编辑、记者，总编辑、副总编辑、各部主任带头为这一专栏撰写稿件，如今，已经形成了一支相对稳定的作者队伍。对于每一个选题，乃至每一篇文章所要表达的观点、思想，编辑部都要进行认真的讨论，每一篇见报的稿件，都必须由主管总编辑 / 副总编辑审定。

两年多来,《工人日报》的《社评》专栏得到了广大读者的厚爱。编辑部几乎每天都会接到一些读者的电话,这些读者在反映他们对某一问题、某篇文章甚至某位作者的关注的同时,也经常发表自己的看法,与我们进行深入的交流。其间,中宣部新闻阅评小组曾多次以《新闻阅评》的形式,对《工人日报》的《社评》专栏提出书面表扬,肯定这一栏目“敢于和善于提出问题”,“导向正确,发挥了很好的作用”。

此外,这一栏目还引起了一些业内人士的注意。华中理工大学新闻系曾多次与我们联系,索要报纸,以此为参考向学生讲授新闻评论;还有一些省报的同行给我们打电话,希望在可能的情况下也为他们供稿;央视的一位负责人曾在本报举办的专家评报座谈会上赞扬说,这一栏目提出的一些问题对他们的不少选题很有启发。两年多来,这一专栏已经刊发了400多篇稿件。以2002年为例,全年共刊发207篇稿件,其中绝大部分被其他一些新闻媒体转载,产生了较为广泛的社会影响。

经过两年多的实践,我们也在逐渐摸索的过程中初步形成了自己的风格特点。概括起来主要包括以下几个方面。

1. 新闻性

如果说《工人日报》的《社评》专栏有什么特点的话,那么我们认为,新闻性是其中较为突出的一点,这一点也得到了许多读者的肯定。

在日常编辑工作中,我们为自己确立了这样一个原则,即关注每一个重大事件和重大新闻。通常情况下,社评是对已经发生的新闻事实发表的看法、观点、分析等，因而我们在选题的时候，首先关注的问题往往是：新闻在哪里？新闻是什么？换句话说，在任何时候，新闻性仍然是第一位的。

2. 针对性

评论要解决针对性的问题，这是一个常识。看待任何一个新闻事件，我们都可以有许多不同的角度甚至不同的层面，对于一些问题的讨论甚至争论在今天也是允许的、必要的。可以说，社评所覆盖的面是相当广泛的，关键在于，我们想说点什么。

实际上，这个问题与上述新闻性的问题是有关联的。如果缺少基本的新闻事实，所谓的针对性，所谓的有的放矢，往往就是一句空话。而空泛恰恰是新闻评论的大忌。事实上，每一个新闻事件都必然有它特定的生成条件。针对每一个不同的新闻事实、新闻现象，或探寻其成因，或分析其走势，把这些表面上看起来似乎是偶然的、个案的东西上升到普遍的意义上予以观照和认识，那么，这样的文章与空泛之作自是不可同日而语。在日常的工作中，也正是这样的稿件一次次地触及我们的“兴奋点”，坦率地讲，也正是这样一些东西的存在，让我们体味着工作的意义。

3. 思想性

思想之于评论，好比新闻诸要素之于新闻作品，是不能缺少的东西。今天，回过头来看已刊发的几百篇稿件，我们发现，思想不应该是一种很玄乎的东西，它实际上可以体现得很实在、很具体。

其一是看问题的角度。从哪个角度切入，从哪些可能是独特的视角来看待某些事件某些现象，反映了一个人对这类事件这类现象的总体把握，不仅如此，它更反映了作者的思想方法。其二是鲜明的观点及其内在的逻辑关系，这也是我们努力追求的。其三是原创思想。相比之下，这是一个很高的要求。应该说，在我们刊发的大量稿件当中，能够提出独家观点，能够称为有原创思想的文章还是很少。面对纷繁复杂的新闻事件，如果能够提出一些独到的见解，能够有一些独家的概括和提炼，那么这样的文章常会给人一种耳目一新的感觉，它对社会所产生的影响相对而言往往要大得多。

（原载于《实践与思考》2003 年第 8 期）

深化“走转改” 坚持按新闻规律办报

在新的形势下，如何不断深化对新闻工作的规律性认识，继而尊重规律、遵循规律、按规律办事，是摆在新闻工作者面前的一个重大问题。自“走基层、转作风、改文风”活动开展以来，广大新闻工作者深入基层、深入群众，体察国情民意，反映火热生活，推出了一大批生动鲜活、感人至深的新闻佳作。这一活动不仅带来了一股清新之风，也促使我们不断思考、探寻和回答这样一个根本性问题。

事实上，近几年来工人日报社编委会一直在倡导“按规矩办事、按规律办事”，并取得了明显的成效。随着“走转改”活动的不断深入，依托这样一个实践载体，我们越来越深刻地认识到，开展“走转改”活动，既是中央的部署，也是报纸提高报道水平、办出特色、扩大社会影响力的内在需要；既是培养队伍、提升素质的有效途径，也是深化对新闻传播规律的认识、坚持和实践新闻传播规律、实现新闻本质回归的必由之路。

一 改进民生报道，“体现时代性、把握规律性、富于创造性”

如今，民生报道成为新闻媒体当然的主流新闻。就业、社会保障、收入分配、教育、医疗、住房、安全生产、社会治安等都被媒体自觉地纳入视野范围内予以关注，这是媒体的责任，也是自身扩大影响力、提升核心竞争力的需要。

自“走转改”活动开展以来，《工人日报》建立了18个基层联系点，先后推出了十几个栏目，刊发了数百篇报道，其中相当一部分涉及民生热点问题。

民生问题涉及面广，热点层出不穷。对待热点问题，一方面，我们不能回避，要发挥主观能动性，积极捕捉，勇于触及；另一方面，我们还要冷静思考，不头脑发热，不草率从事。关注民生热点，我们要始终着眼于统一思想、凝聚人心、解疑释惑、化解矛盾、弘扬正气、服务大局，报道应努力体现时代性、把握规律性、富于创造性。“走转改”活动中，我们主要强化了以下四个方面。

1. 着眼于舆论引导自觉性和有效性的统一

关注民生热点，发挥舆论的引导作用，实现自觉性和有效性的统一，需要我们既敢于引导，又善于引导，这对我们的政治素质和业务能力都提出了很高的要求。所有的报道背后都体现了一种倾向、一种观点，而看待一个事物又可能有多种观点、多种倾向，这就需要在实际工作中把握好自觉性和有效性这两大基本环节。那种预设观点、倾向，大肆炒作甚至制造新闻的做法，远离了新闻的真实性原则，不仅不能正确引导热点问题，反而极可能误导社会舆论，导致反理性思潮的泛滥，从而造成不良的社会后果。

2. 着眼于报道的结构平衡

这里所说的平衡，指的是报道内容的平衡，即对民生热点问题所涉及的领域、层次、侧面、观点等，报道时应全面把握，准确反映。虽然单一的某篇报道可能会有所侧重，但整体而言不可忽视其他领域、层次、侧面、观点，唯其如此，才能在关注民生热点的同时，抓住问题的本质，推动民生问题有效解决。

实践中我们注意到，结构性失衡的问题是较为普遍的。翻开报纸我们不难发现，来自决策层的涉及民生的新闻数量非常多，规模大，非常突出，与此同时，落点新闻相对少得多，即政策在基层落实情况的报道明显偏少。不仅如此，在过去较长一段时间内，国计与民生似乎被人为割裂开来，分属两个不同的报道领域。其实，国计与民生从来都是联系在一起的。关注民生，必须做到心系国计；报道国计，着眼点在于民生。任何一方面的缺失都可能导致整个报纸结构的缺失，影响新闻报道的平衡。解决这个问题的有效途径就是走基层，而且是“带着问题走基层”，即从国计角度观照民生，从民生角度反映国计，把两者从内容到形式都有机统一起来。

3. 着眼于提升新闻的品质

老百姓过日子，无非衣食住行、柴米油盐，但这并不意味着家长里短式的报道才算是关注民生，更不意味着媒体可以置社会责任、道德责任于不顾，一味商业化甚至媚俗化。相反，民生报道应该具有更高的品质。我们把老百姓的身边事自觉纳入视野的同时，始终面临新闻价值的提升问题。

因此，在“走转改”活动中，不能认为到了基层，只要反映基层的人和事就可以了，不能“捡到篮子里的都是菜”。实践中，我们要不断强化这种认识，并在操作上以丰富报道层次为重点，把握好全局和局部的关系、上层和基层的关系、决策和落点的关系，将“两头”融合在一起，力求准确反映，正确引导民生热点。这里所说的报道层次，指的是不仅要报道好民生事件、事实，还要探究其成因，为读者提供更多的背景、解读；不仅要报道好事关民生的大政方针，还应该探究其背后的决策过程、施政原因等。

4. 着眼于展现热点问题的不同侧面

同样一个事物，换一个角度看可能不完全是这种形态，有时候甚至会是一种相反的形态。以往的主要问题常常表现为思维简单，只看到事物的一个方面、一个侧面，而有意无意地忽视了其他方面、其他侧面，结果在一味肯定赞扬或否定批评的同时，陷入质疑声中。

我们强调走基层不但身入更要心入，在贴近生活、增进与群众感情、了解社情民意的同时，不断提高自己的认识水平、提高新闻素养。看一个事物，要从多侧面、多角度考量，要展现不同的侧面。关注民生热点，切忌以个体性的立场取代整体性的思维。对于全社会普遍关心的难点问题的审视，既要有微观的视角，更要有宏观的把握；既要有对事实、事件的具体描述，更要有大局意识、责任意识。

二　改进工作报道，“从群众中来，到群众中去”

内容为王，意味着我们的报纸必须始终强调新闻性和贴近性，我们的报道必须不断增强可读性、扩大信息量。在“走转改”活动中，我们针对以往报纸较为普遍的一些问题，明确提出要“从群众中来，到群众中去”，努力变工作报道为抓新闻。

这里有两层意思。第一层意思，变工作报道为抓新闻，包含对新闻本质的尊重和把握。有人说新闻的本质是事件，也有人说新闻的本质是信息，无论哪种说法，都说明“工作日志”不应该成为媒体报道的常态。

第二层意思，即便是工作报道，也要努力挖掘有效信息，讲求针对性，努力还原事实。出于众所周知的原因，目前媒体上完全没有工作报道怕是做不到的，其实，工作报道本身也包含许多有效的信息，因为各级党政的工作重点，必然是群众关心的热点、难点、焦点。那种认为抓新闻就是少写或不写会议性、工作性、典型性报道的看法，至少是不全面的。从媒体的情况看，来自决策层的报道数量是多的，版面是突出的，规模也大，而与此同时，基层的、落点的报道数量相对少。更大的问题在于，两者之间是隔离的：决策新闻是决策新闻，放在重要位置；与此密切相关的落点新闻，则往往被安排在其他版块，显得琐碎、不成规模。

因此，在实现途径上要不断加以改进，“走转改”活动恰恰提供了这样一个契机。

首先，必须面向基层、服务群众，关注群众需求，维护群众权益，说群众想说的话、办群众欢迎的事，把工作做到群众心坎上，进一步解决好服务大众还是服务小众、服务多数人还是服务少数人的问题。把群众呼声作为第一信号，强化大众视野、百姓视角，直面问题、聚焦热点，更好地架起党和政府联系人民群众的桥梁。应当帮助群众理解宏观的、上层的信息，形式上体现贴近性。宏观的、上层的信息，因为离老百姓比较远，加上长期以来我们报道上形成的僵化模式，容易使人厌倦，这就要求我们不能把这些东西简单地搬过去，而要通过我们的报道融化到他们的心中。“走转改”活动开始后，我们推出了“边远地区工会行”一组 20 多篇报道，通过基层工会一点一滴的努力、变化、思考，反映全国总工会中心工作、重点工作在基层的落实情况。因为更多地强调生动活泼、形式创新，强调贴近性、服务性，所以起到了推动工作的效果。

其次，深入基层、深入群众，不简单停留在出台的措施、开展的活动等纷繁的现象层面，而是深入到“人”，在一个个鲜活的生命和具体实践中获得感性认知，力求把握全局把握重点以及问题发生发展的本质。从“方法”的角度来认识，这对改进工作报道意义重大——因为，目前工作报道的最大缺陷恐怕就在于枯燥雷同、缺乏可读性，除了现象还是现象，把工作分分类，找几个例子举一举，找几个人表表态，等等，缺少事件，而缺少事件的症结往往是深入不够、对某项工作的情况了解掌握不够，更谈不上抓住本质了。

以往工作中，我们发现为数不少的报道不是在抓问题，或者说没有抓问题的意识，更多的是一种摆现象。类似情况的出现，究其原因，说到底是因为“脚下沾满泥土的记者”少了，“老爷记者”、“车轮记者”、“文件记者”、“电脑记者”多了。所以改进工作报道，第一位的就是要重拾“接地气”、“抓活鱼”这个新闻界的好传统。

三　改进典型报道，“先感动自己，然后才能感动别人”

人们只有认识规律、掌握规律，才能运用规律，并不断改革创新。办报也是如此。我们只有认识新闻传播规律，掌握新闻传播规律，才能运用新闻传播规律，按照新闻传播规律办事，并不断改革创新。

“走转改”活动中，《工人日报》推出了一系列先进典型。在采编各个环节，我们强调把握正确导向，在弘扬时代主旋律上下功夫；注重改进方法和拓展渠道，在增强吸引力感染力上下功夫；注意把握工作程序，在确保典型质量上下功夫。其中，《大姐主席陈超英》就是这一活动的成果之一。

今年6月13日夜，中建五局土木公司党委副书记、纪委书记、工会主席陈超英在慰问职工家属连夜返回长沙的途中遭遇交通事故，不幸殉职。在短短的两天时间里，亲友和同事就写下了20多万字追思她平凡而感人的一生。众多员工对陈超英的追念激发了本报记者的关注。随后，记者深入企业，花了近两个月的时间采访了近百名一线职工、离退休老同志和企业各级管理干部，“一次次地被感动，一次次地泪流满面”。反复思考、提炼、打磨、补充采访，在修改十余稿之后，长达万余字的长篇通讯《大姐主席陈超英》于9月8日在本报头版头条超常规见报，编辑部还配发了评论员文章《一个人就是一支队伍》。报道一经推出，就获得了广泛好评。陈超英的丈夫在读完报道后给本报记者发来短信说：“非常感动，热泪涟涟。这不仅仅因为是超英的丈夫，更因为您文章的深度、角度、力度和文章的表述方式，非常感人，是一篇很好的表现超英事迹的文章，感谢您为超英做的一切。我儿子也一定要我转达谢意，谢谢您如此准确地表现了妈妈，谢谢！”有不少业内人士也认为，“事迹感人，靠鲜活生动的文笔和精心的材料组合以及细节的描绘而感人。首先要占有材料，这要靠深入采访；其次要善于筛选取舍；再次要靠文笔。文中引用一些人的论述及记者的感言，增加了本文的深度和厚重感”。多位领导同志对报道给予了高度赞扬，并作出批示要求大力宣传陈超英同志的事迹，向陈超英同志学习。全国总工会还作出决定，追授陈超英同志全国五一劳动奖章。

做好典型报道，我们常说的一句话是：要想感动别人，记者首先必须感动自己。《大姐主席陈超英》的成功推出，至少给了我们以下启示。

其一，感动自己，前提是要有扎实的采访作风。先进典型报道大多是“挖掘性的”，需要对人物的价值作出判断。那种听听汇报、拿点材料、蜻蜓点水式的采访，不仅可能偏离真实性原则，而且大多很难令人感动；而对人物典型价值的判断，更需要在不断地占有素材、不断追问、不断感动自己的过程中渐趋完整。

其二，感动别人，需要不断改进文风。典型报道的亲和力和感染力，源自人物本身的“美”，而这个“美”与“真”、“善”又是不可分割的。重塑审美价值，实现审美传播，特别要注意避开刻板印象或成见；要注重细节、关注过程，多用群众语言；要考虑读者的心理需要和信息需要，既不能狂轰滥炸，也不能零敲碎打。

其三，感动别人，必须先感动自己，这不仅是一个认识问题，更是一个操作问题。提高认识是“必须的”，但绝不意味着可以忽视操作。许多时候，认识是一回事，操作又是另外一回事，而事实也一再证明，从认识到操作，还是一个再认识的过程。再好的思想、理念、原则，如果不能转化为过程和方法，只能是停留于脑子里的东西；再深刻的认识、见解，如果不能具体到操作的每一个步骤、每一个环节，最后只能是大打折扣甚至走形。从本报历次重大典型报道的情况看，一些报道之所以未能取得预期的效果，问题大部分出现在操作层面。当“表达”陷入了某种“困境”，一定是因为“表达”的前置环节的操作不明晰、不具体、不系统、不到位，包括个体实施和系统运作两个方面。

因此说，“走转改”精神恰恰体现了马克思主义的新闻观和方法论。提升新闻媒体服务大局、服务群众的能力和水平，需要发扬“走转改”精神，深化“走转改”活动，需要新闻工作者用心体会、用心把握、用心实践。

（原载于《新闻战线》2012 年第 6 期）

回应社会关切　回归新闻本质

——《工人日报》提升影响力的实践与思考

习近平总书记多次强调，做好新闻舆论工作必须遵循新闻传播规律。我们今天所从事的新闻工作，是一门规律性很强的科学，尤其在媒体融合发展的背景下，充分认识规律、把握规律、遵循规律，才能使我们的报道在社会舆论中抢占先机、发挥最大效用，从而不断提升主流媒体的影响力。

一段时间以来，工人日报社编委会以习近平总书记重要讲话精神引领新闻实践，坚持正确政治方向、舆论导向和价值取向，在社会关注的热点问题上、在涉及“三工”（工厂、工会、工人）的重大问题上、在职工群众的合法权益上，不回避、不躲闪、讲真话，不断创新方法手段，努力实现新闻本质的回归，打造一批有思想、有温度、有品质的原创作品，讲好中国工厂故事，讲好中国工会故事，讲好中国工人故事。

关注热点：事件切入、引导舆论、凝聚共识

在万物皆媒、万物互联的今天，人人都有麦克风，人人都有摄像头，人人都是发布器，社会热点事件往往以迅雷不及掩耳之势迅速扩散。作为主流媒体，这个时

候如果选择远离热点，就意味着自我边缘化。

必须深刻反思的是，主流媒体在关注热点直面问题方面，即便在过去纸媒占主导地位的时代，有时候做得并不好。回避矛盾，僵硬乏味，千篇一律，自说自话，这些问题始终程度不同地存在。而在新媒体环境下，面对共同的“影响力焦虑”，往往又把更多的注意力放在了平台、渠道上，似乎影响力不够都因为平台之困、渠道不畅。渠道、平台当然重要，到达率确实是个大问题，但我们似乎更应扪心自问：登在报纸上没人看的东西，放在那些平台、渠道上就有人看、就有影响力了吗？

因此，在实践中，工人日报社编委会愈来愈深刻地认识到：坚持内容为王，把内容建设摆在更加突出的位置，必须尊重新闻规律，努力实现新闻本质的回归。面对社会关注的热点问题，要做到不失语、不回避，直面热点、及时介入，还原真相、回归常识，引导舆论、凝聚共识。这是我们增强话语权、提升影响力的一个重要的着力点，也是我们办出特色、体现优势的题中应有之义。

获得中国新闻奖文字系列一等奖的作品《为什么 2 元钱的“救命药”没有人做？》就值得我们认真总结。这组报道包括 4 篇消息，是由工人日报社融媒体中心和要闻部的编辑记者共同策划、共同组织完成的，可以说，这是一个媒体融合的产物。据主创人员介绍，这组报道的线索来自新媒体——在一个群里，一名白血病患者急寻救命药的消息引起了记者的注意，尽管各地媒体的热心人鼎力相助，但四天过去了，患者还是没有凑齐急需的廉价救命药。在积极帮助患者找药的过程中，记者意识到，这不是一个简单的问题——那么多媒体自发联动，还是没有凑齐急需的廉价救命药，反映的是一个长期存在的社会热点难题。记者没有回避，没有当围观者，也没有停留在表象，而是进入了更深层次的思考和探究。他们从新闻事件入手，将个案与现象相结合，广泛采访了药企、医院以及患者等各方面人士，从不同视角审视“难买廉价药”这一现象，廉价药投入少、生产难等一系列问题便陆续呈现在读者面前：一种廉价针剂停产，媒体和网友全国寻觅 4 天才找到——人们发问为什么 2 元钱的救命药没有人做？在网上，许多网友发出呼吁，别让廉价药消失；记者探访北京部分医院和药房，发现廉价药渐行渐远；一些业内人士建言献策，让廉价药重回“寻常百姓家”……

这组报道的另一个重要收获是，在策、采、编、发几个环节实现了流程的优化，更强调交互性和用户意识，内容结构、话语方式更贴近群众、贴近实际、贴近民生。尤其是，报道引起了社会的普遍关注，社会各方积极寻找破解之策，提出了一系列针对性建议，例如呼吁政府放松对廉价药的价格限制、允许药企适当调节价格，改进药品招标采购方式，涉药企业主动承担社会责任，通过深入推进公立医院改革、破除以药养医，提高医务人员使用廉价药的积极性，等等。

直面热点、及时介入，从发现问题、探寻原因再到给出解决路径，这组报道采访深入、层层推进、有始有终。也正因为如此，不少网友评价说，这组报道廓清市场迷雾，批评不当做法，对促进医药改革深化具有现实意义。

维权在线：服务“三工”、追求权威、体现担当

关注“三工”、“三工”关注，是《工人日报》最鲜明的特色。一直以来，我们找准自身定位、瞄准目标对象需求，报道了大量发生在“三工”领域的新闻；与此同时，我们还以“三工”的视角、价值观，去判断、编采他们所渴望知道、应该知道的新闻，使报道更有针对性、更具社会影响力。

实践证明，主流媒体的影响力往往能在舆论监督过程中得以凸显。通过事实准确、分析客观的报道，切中公众痛点，直击现实中的假丑恶，揭露被蒙蔽的真相，是让公众对主流媒体的内容产生认同、信任和依赖感的有效途径。在劳动关系多元化、复杂化的今天，《工人日报》不仅是广大职工工作、生活的同行者和关注者，更是各地各级工会组织主动维权、依法维权、科学维权的记录者和传播者。我们尤其注重把职工冷暖放在心上，深入基层、深入群众，为职工合法权益鼓与呼。一大批反映新动向新趋势的维权动态新闻、典型的案例剖析、优秀的工会干部典型、权威的维权法规解释等，构成了《工人日报》维权报道的主要内容，在职工群众中产生了深远影响。

前不久刊发的一则消息《过去被欠工资，现在被欠工资卡》就很说明问题。这篇报道缘起于记者的一次例行采访，一位老工会人的一句感慨引起了记者的注意：

“农民工工资由银行代发，最后包工头却成了银行卡的直接掌控人。”

这位老工会人谈起了一起跨省欠薪案。某公司承建的项目，一名包工头以挂靠另两家公司的名义分包两处劳务工程，先后组织60余名农民工进场施工。项目部根据有关规定要求所有项目农民工办理个人银行（工资）卡，并对农民工工资进行统一拨付。然而，包工头将农民工个人工资卡集中收回、私设密码、自行支配，很多农民工甚至不知晓办卡情况。

“过去被欠工资，现在被欠工资卡”，记者意识到，这是农民工欠薪维权的新动向。随后的深入采访中，记者了解到，类似情况在多地建筑领域劳务用工中十分普遍。最终见报的稿件，从新闻事件入手，详述来龙去脉的同时，揭示“政府部门出台的治理欠薪新举措遭遇新问题新挑战”。在报道的结尾，借业内人士之口提醒，农民工因权益意识淡薄而任包工头摆布仅为表象，根本原因在于“工程招投标以及用工管理等仍未实现真正的科学规范化”。

这条独家新闻刊发后，在社会上引起强烈反响，多位中央领导同志、相关部委负责人先后作出批示。报道在推动问题解决的同时，也起到了良好的社会效应，产生了很大的影响。

为职工合法权益鼓与呼，既要关注新动向，也要关注“老问题”。《工人日报》曾获中国新闻奖消息三等奖的作品《12元高温津贴竟被克扣9元》，关注的就是个“老问题”，而且写的是个总赔偿额仅846元的“小案”。

在“火炉”武汉，劳动者冒着酷暑挥汗如雨，本就标准不高的高温津贴还要被克扣——每天12元津贴，被扣了9元，少发了一个月。多数劳动者选择了沉默，个别离职人员与原单位对簿公堂才拿回本应属于自己的津贴。这篇报道反映了监管缺位、劳动者维权艰难的现实，也彰显了劳动者权利意识的觉醒。刊发之后，引起了当地人社、安监等部门的注意，进而促成当年关于高温下劳动保护清查整顿措施出台。

坚持问题导向，强化理性、建设性，注重事实，以理服人，解疑释惑。《工人日报》的维权报道很好地发挥了舆论监督的作用，彰显了主流媒体的社会责任，并以其贴近性、针对性、权威性得到各级党政和工会组织的肯定，受到职工群众的喜爱，报纸也因此获得了更高的认知度、更大的影响力。

媒体融合：精准定位、创新手段、扩大影响

推动媒体融合发展，本身就包含提升传播力、影响力的目标诉求。从更高层面看，这既是中央的要求，也是传统媒体自身变革图存的必由之路。近几年来，我们深切地认识到，如果我们还沿用一成不变的传播范式、生产流程、议题设置、话语体系、表达方式、技术手段、效果反馈，必然很难跟上时代发展的节拍。

因此，我们主动适应急剧变化的传播生态，加快推进媒体深度融合，创新传播手段，完善体制机制，推动各种媒介资源、生产要素有效整合，探索流程再造，确立以用户、受众为中心的指导思想，积极探索新媒体考

核评价机制，努力打造各具特色的融合产品和新媒体品牌，朝着建设新型主流媒体的目标努力。

目前，我们充分利用全媒体平台，实现了传统媒体与新媒体的融合、互动传播，发挥传统媒体深度、权威的优势与新媒体快速、多元的特点，形成了具有“三工”特色的主流价值传播矩阵。

在具体操作上，我们主要抓了两个环节。

一是在重大报道、重要时间节点发力。在党的十九大报道、两会报道、“一带一路”国际合作高峰论坛等重大报道活动中，我们加大力度，探索创新报道机制，运用中央厨房模式或项目制，紧扣会议主题，原创了大量的融媒体产品。例如，党的十九大期间，工人日报社微博推送的《9 张图，带你回顾上午十九大开幕的神圣时刻》，点击量超过 3760 万人次，成为“现象级”报道；视频作品《为十九大打 CALL　在华外国人盛赞中国成就》获得 56 万人次点击观看；说唱歌曲《产业工人·超级工程·中国梦》以别具一格、时尚超酷的视频生动诠释了中国产业工人的智慧与力量、自信与豪情，点击量达 105 万人次，100 多家网络媒体转播转载。此前在工人日报社微博平台上推出的《脱下工装，惊艳时光》，微博阅读量超过 2000 万人次。

二是在精心制作“沾泥土、带露珠、冒热气”的鲜活产品上下功夫。媒体融合时代，信息供应更加丰富，但也存在质量参差不齐、泥沙俱下的问题。对于主流媒体来说，必须始终尊重新闻规律，走向新闻本质的回归。因此在“常态”操作中，我们围绕讲好中国工厂故事、讲好中国工会故事、讲好中国工人故事，倡导和鼓励一切有利于内容提升的改革创新，各部门、各版块围绕内容建设选择侧重点，以局部突破带动整体求变求新。报道内容上更加注重均衡性，实现方式上注重引导、注重互动，特别是努力探索更多打破部门界限、合理配置资源的做法，根据报、网、微、端等受众、用户的不同阅读爱好，有针对性地采写、制作、推送不同形式的新闻精品，提供个性化信息产品和内容服务，通过提升服务能力来扩大影响力。

经过几年的努力，《工人日报》在推进融合发展方面积累了一定的经验、取得了一定的成效。但同时我们也清醒地认识到，与许多传统媒体一样，我们还面临不少的困难和挑战，困局待破，难题待解。例如，作为传统媒体所办的新媒体，其目标定位、品牌塑造如何更加清晰、更加有力？再如，“一次采集、多层分发、多种产品”的融合要求在实际工作中如何实现？在技术引领变革成为潮流的时代，技术驱动之路如何经济、高效、可持续？各类人才资源的管理如何融合？从业者自身的角色如何融合？所有这些，都需要我们始终尊重新闻传播规律，需要我们充分发挥主动性、积极性、创造性，需要我们用实践作答。

（本文由刘家伟与沈刚撰写，原载于《新闻战线》2018 年第 17 期）

寻求主观与客观的辩证统一

——关于新闻观念的若干思考

翻开历届的《中国新闻奖作品选》，我时不时地陷入一种困惑之中。

也许，由于时过境迁，那些原本深刻的见解和蕴含的诸多内容在今天看来已再平常不过，以至于让人无法相信它曾经是那样的振聋发聩。

也许，“新闻只有一天的生命”，随着“这一天”的过去，它的“生命”也随之消失，以至于让人很难想象就在“这一天”它曾经是如此的灿烂。

也许，离开了特定的环境、特定的条件、特定的时代，当初真真切切的那一缕清新早已淡而散之，以至于让人无法理解它曾经产生过多么大的冲击。

在这一系列的“也许”之后，我自然而然地想到了文学，想到了历史。新闻学之于它们，有那么多的相通之处，又有那么多的不同。

那么，新闻学到底是什么？我们应该有什么样的新闻观？

我回答不了如此重大的问题，只好就其中的某些局部展开一点思考。

一

多少年来，人们在地球上看月亮，月亮是什么？月亮是嫦娥，是吴刚，是桂花美酒。然而，当人类真的第一次登上了月球，月亮就只剩下枯寂的山、死寂的海。不必讳言，即便在若干年以后的今天，在赞叹科学巨大成就的同时，我们仍感到了一缕隐隐的悲哀，那就是，我们“失去”了一个月亮。

多少年来，我们同样地沿袭着一个个的“道理”。然而，随着时代的进步、科学技术的创新、社会生活的变化，原本许多似乎是已经解决的问题，今天重新变得扑朔迷离。

比如新闻。新闻是什么？“新闻是新近发生的事实的报道”。这个问题已经很清楚了。但由于声像、画面的介入，新的问题就出来了。比如直播——对某一事件的报道——就可能包括了这样的过程：它即将发生→它正在发生→它已经发生，而且受众了解这些“过程”与事件发生的“过程”是完全同步的。这样的报道算不算新闻？如果算，那么我们说新闻是“新近”发生的，是否就显得不够全面了？

沉醉于概念的玩味没有必要。但问题是，如果类似这样的概念变成了一种不可更改的观念，就势必对人们的实践产生影响。

在新闻发展的历史上，一代又一代人不断地从事着新闻的实践和研究，并努力地寻找和总结其中的基本规律。事实上，任何一位记者、编辑在其新闻实践中，也都自觉不自觉地遵循着某些规律。他们的新闻价值判断，素材、报道形式的选择，以及看问题的角度，等等，都与他们对这些新闻基本规律的理解和把握有关。

然而，面对日益复杂的社会生活，我们确实不免又发出一声声叹息：一些我们遵循已久的东西，在今天看来，显然已经不够完善，显然已经陈旧，并表现出相当的不适应。

今年年初，本报一版推出了一个新的栏目——《平民观察》。设想当中，这应该是一个新闻分析栏目。然而大量的来稿与设想有相当的距离。编辑不得不一次次地跟作者说，这不是言论栏目，它应该区别于言论。不得不多次地阐述：新闻分析又称解释性报道，它集中回答新闻事件中的“为什么”，即围绕一个读者有疑问、社会有争论的事件或问题，提供大量的背景材料，来揭示事件或问题的本质，应该隐蔽地表达记者的观点或倾向……

但我们不妨作一个假设。假定这里面的某一稿件获得“好新闻”奖——它应该算哪一类呢？这样一个看似简单的问题，却可能使人相当为难。算消息？理论上说应该是，但大部分人也许不会同意。没有由头，而且它的“模样”与大家心目中的“消息”有距离。算通讯？好像也不是。最后可能还得把它归入言论一类。这样就把编辑置于一种尴尬的境地——因为编辑说，它不是言论。

编辑的尴尬实际上从一个侧面反映了新闻学所面临的窘境！

我不认为我们已有的一些基本的东西都应该拿出来重新讨论、重新理解。但用发展的眼光来看待这些规律，尤其是在实践中不断加以突破、加以完善，使之反过来更好地指导实践，这是一门学科发展、一项事业进步的前提条件。

二

新闻的本质是信息。

新闻应该客观。

这应该是没有疑问的。但同时，有一个话题引起了我们的兴趣——新闻策划。

什么是新闻策划？尽管人们在概念的表述上可能存在一些差异，但这并不妨碍我们大致这样理解：广义上说，新闻策划是新闻传媒生存发展的规划，就报纸而言，包括报业发展道路的策划、报纸整体策划、报纸定位等。狭义上的新闻策划指的是新闻报道的策划，即对某一事件或问题从报道选题、角度、报道形式、版面等方面加以设计，以期有独到之处，产生正面效应。

在这里，我们只讨论后者，即新闻报道的策划。而正是这种新闻策划已为越来越多的人所关注，同时出现了一种认识上的分歧。

实践当中，我们注意到，大抵一个重大事件、重大问题，如果没有很好的策划，往往难以达到预想效果。例如两会报道。一年一度的两会，总引发出“新闻大战”。在这种时候，策划是必不可少的，而且策划水平的高低直接影响到报道的成败。大到人员的配备、形式的确定、栏目的设置、版面的安排，小到每一则报道涉及的问题、若干层面，都必须有一个大致的设想。

但同时我们注意到另一种质疑，理由有二：其一，新闻是不可以策划的；其二，在新闻策划的主观性介入之后，事物本来面貌的客观性何以体现？

关于新闻策划是否等同于策划新闻，我想绝对不是。对这个问题的讨论应该比较简单。没有一个新闻媒体可以“策划”出一个两会。两会报道策划是在两会召开这样一个既定事实的前提下，根据对相关信息的获取与分析，通过创造性的思维活动，周密地进行报道设计，而这是新闻策划的本质。

电影《泰坦尼克号》里“新闻记者”为制造“提前到达”的头版消息，“策划”船长开足马力的事情，反映了新闻圈里的某种恶劣现象，当然应该坚决反对。但它的这种“策划”，我认为，不应该加在我们所说的“新闻策划”头上，这两种“策划”不是一回事。

问题就可能出在“策划”两字上。它内涵太丰富，目的性太强，以至于“名声”不太好。所以对“新闻策划”不应该仅作字面上的理解，而应该准确理解其本质。

新闻策划的核心问题是主观与客观的问题。对主观与客观及其相互关系的判定是其中的关键。

对新闻策划的质疑实际上往往是把报道策划的主观性与事物本来面目的客观性摆在相互对立的位置上。

而事实上，在新闻实践中，这种主观与客观是难以分开表述的。从一进入采访和写作的过程，主观（主体）就实际上已开始发挥作用，为什么选择它、报道它？而不选择别的、报道别的？主体与客体便不可分离。

主观与客观相统一的观点至关重要。我们不应该以片面的眼光看待新闻报道的客观性。哲学的常识告诉我们，物质决定意识，意识对物质有能动的反作用。辩证唯物主义把科学的实践观引入认识论，认为通过实践，主体能动地反映客体，又能动地改造客体。

因此，我们不可以因新闻策划具有主观能动性而否认它的客观基础，也不能因新闻的客观性原则而排斥策划的主观能动作用。高水准的新闻策划应该是主观与客观这一对矛盾的辩证统一。

从这个意义上说，判定我们的报道是否客观，应该考虑以下两点：第一，真实性原则，即以客观存在为基础，并强调客观的优先地位。第二，即便是有“主观”，那么这种“主观”是否透出一种客观，即准确地反映了事物的本质规律？

如果这两点可以满足，那么我认为，这样的报道就是坚持了新闻的客观性原则，哪怕它是“新闻策划”的产物！

三

有一句话这样描述今天的媒体受众：不仅想知道昨天发生了什么，更想知道明天该怎么办。

如果这句话真实地反映了今天的读者心理，那么，对我们已普遍接受的某些观念作一些调整就是必要的。

在新闻史上，“独家新闻”曾是多少人争相抢夺的东西——它意味着轰动，更意味着名气！

然而，科学技术的进步促使社会生活发生巨大变化。在今天的这个星球上，地域与地域之间的距离感正日益消失，陌生的角落已经不多，要做出当年《中国的西北角》那样的新闻已经相当不容易。

一个基本的事实是，一个重大的新闻事件，往往云集了众多的记者来争相报道它——你知道的，别人也知道了，甚至读者早就通过别的途径知道了。

这是不是说，记者就发掘不了“独家新闻”了呢？不是。在这里我想说的只是传统的“独家新闻”的意义正在弱化，而“独家新闻”的概念也发生了相当深刻的变化。

今天的“独家新闻”，不应仅仅是意味着抢到了“第一落点”和“第一时间”，它同时还意味着独家观点、独家角度、独家方法等。

有人这样进一步阐述：要力争对同一新闻事件，挖掘比别人更深入的新闻事实；阐发出新的观点，通过对已知事实的重新排列，亮出新的观点、思想。尤其要注意交代读者已知事实背后读者所不知的事件成因、道理和走势；记者可以运用类比、借喻、资料分析等手法，运用“独家方法”交代事件。

是否可以这样说，长时间以来我们理解的“独家新闻”，着重于“记录”新闻事件的“独家性”，侧重于告诉人们昨天发生了什么，而今天的“独家新闻”在告诉人们事件的同时，更应侧重于在告诉人们明天怎么办时体现“独创性”——因为这是读者需求的。

理解这一点可能是有益的。

在我对于涉及新闻观念的某些问题试图作一些思考的时候，我读到了张建伟的一本新书——《深呼吸》。他在书中多次引用了这样一句话：不要试图去寻找什么重要新闻，而要努力使新闻重要起来。

如果抛开任何的先入之见（例如说，这是“主体新闻观”！）来仔细琢磨这句话，我发现，它是那样的意味深长。

有所启发，有所触动，这就够了！这也是我写本文的一点初衷。

（原载于《实践与思考》1998 年第 7 期）

尊重新闻规律　不断改进文风

——从《工人日报》近期几组系列报道看改进文风若干问题

习近平总书记在党的新闻舆论工作座谈会上强调，要尊重新闻传播规律，创新方法手段，切实提高党的新闻舆论传播力、引导力、影响力、公信力。总书记要求新闻舆论工作者“要转作风改文风，俯下身、沉下心，察实情、说实话、动真情，努力推出有思想、有温度、有品质的作品”。

深入学习贯彻习近平总书记重要讲话精神，在新的形势下不断深化对新闻传播的规律性认识，把改进文风作为转变作风的一个支点，坚持不懈地推进下去，是摆在我们面前的一个重大任务。一段时间以来，工人日报社编委会用讲话精神引领新闻实践，努力创新，推出了一批生动鲜活、文风清新的新闻作品，取得了好的传播效果。

一　把内容建设摆在更加突出的位置，必然包含不断改进文风的要求

当前，互联网正在媒体领域催发一场前所未有的变革，给传统媒体带来巨大冲击。我们必须要认清这一严

峻形势，在挑战中寻找机遇，坚守新闻理想，坚信新闻的力量，坚信新闻职业的价值。实践中，工人日报社编委会明确以内容优势赢得发展优势的指导思想，着力于目标对象的精准化，着力于采编队伍的精干化，从而形成有力支撑，在策、采、编、发各个环节加强创新，把内容建设的各项要求落细落小落实。

文风问题不是一个小问题。媒体改文风不仅要解决新闻报道的语言、篇章、版式、栏目等表面问题，还应着力解决关乎内容建设的新闻生产制度、流程、评价标准等问题，其背后是新闻舆论工作者的作风和素养问题。因此说，坚持内容为王，必然包含不断改进文风的要求。

今年上半年，《工人日报》推出了《改变　深圳工会“聚力计划”见闻录》一组系列报道，包括《从“把工人当回事儿”开始》、《食堂！还是食堂》、《工会的角色变得不可或缺》、《和弈之道》、《“这里有个工联会”》、《对话，打开理解的心门》6篇文章。文章见报后，得到了方方面面的好评，也获得了许多鼓励。

这组报道从酝酿策划到采访写作，历时3个月。从一开始，我们就希望能够通过报道，让人们清晰地感受到作为改革开放前沿的深圳，其劳资生态发生的正向变化，看到基层工会改革创新的力量。其基本事实是，地处改革开放前沿的深圳，既拥有创新驱动转型升级的动力，又面临传统制造业出口减少、成本增加的压力。放大动力，减缓压力，促进劳动关系和谐稳定，是摆在深圳工会面前的紧迫课题。在此背景下，深圳市总工会推出旨在推动集体协商发育发展的“聚力计划”，倡导对话沟通，普及合作的方法和原则，帮助劳动关系双方共同搭建对话沟通和互信合作的平台。

而报道的最终呈现，正如主创者之一在自己的总结中所说，是多种目标诉求之下尽可能兼顾的产物——它既要完成每篇稿件独立小主题，又要在整体上共同指向更为宏大主题的主旨表达；既是关于工会工作的报道，又要实现劳动关系这一更为社会化话题的表达；既要有丰富的事实细节，又要完成对思想、博弈、方法论等抽象概念的有形表达。

正因为如此，这组报道有两个方面值得我们认真总结。

其一是着眼于报道的结构平衡。这里所说的平衡，指的是报道内容的平衡，即对问题所涉及的领域、层次、侧面、观点等，报道时应全面把握，准确反映。虽然单一的某篇报道可能会有所侧重，但整体而言不可忽视其他领域、层次、侧面、观点，唯其如此，才能在关注事件的同时，抓住问题的本质。

实践中我们注意到，失衡的现象是存在的，它甚至成为当前新闻文风普遍存在的一个问题。翻开报纸我们不难发现，来自决策层的新闻数量非常多，规模大，与此同时，落点新闻相对少得多，即政策在基层落实情况的报道明显偏少。更大的问题在于，两者之间是隔离的——决策新闻是决策新闻，被放在重要位置；与此密切相关的落点新闻，则往往被安排在其他版块，显得琐碎、不成规模。因此，需要不断加以改进，即帮助职工群众理解宏观的信息，体现贴近性、可读性。宏观的政策、措施，因为离职工群众比较远，加上长期以来形成的僵化报道模式，容易使人厌倦，这就要求我们不能把这些东西简单地搬过去，而要通过我们的报道内化到他们的心中。

其二是强化操作，找准新闻文风积习难改的某些症结，对症下药。目前媒体上之所以还有不少官话、套话、大话、旧话、废话，很大程度上是因为“等、靠、要、推”这些惯性思维的存在。不仅如此，在以往我们的不少重大报道中，可能程度不同地存在这样一种倾向，即重认识、轻操作，其结果常常导致对某一事物的认识尽管达到了一定的高度，最终却并不能真正体现在报道中。

提高认识是“必须的”，但绝不意味着可以忽视操作。事实也一再证明，从认识到操作，还是一个再认识的过程。因此，我们力图使操作部分，包括相关步骤、顺序、重点、目标及相互间关系等方面，尽量细化、具体、有可操作性。

这组报道的组织方式继续采用了类似“项目管理制”的做法。这种工作机制经过我们多年的实践，其好处很明显，正如一位记者曾经所言：“因为有了一个相对封闭和独立的指挥、运作系统，报道的采写、编排，相关资源的协调配置、进度跟踪、报道意图的贯彻等方面，路径更清晰、效率更高。”

二　把基层当课堂，把职工群众当老师，是转作风改文风的最有效途径

我们认识新闻传播规律，掌握新闻传播规律，是为

了运用新闻传播规律，按照新闻传播规律办事，并不断改革创新。几年来，我们不断深化“走转改”活动，尊重规律遵循规律，努力倡导把实践和基层当作最好的课堂，把职工群众当成最好的老师，涌现了一批好的作品，取得了好的传播效果。其中，《转身·皖北煤电蹲点记》就是这一活动的成果之一。

今年上半年推出的这组报道，包括《从“掌子面”到“流水线”》、《人事主管的特殊人事》、《“内退”之后的日子》、《抱团儿“闯江湖”》、《“远征”异地》这5篇文章。这组报道聚焦皖北煤电一万多名职工转岗分流这一事件，以一组人物故事的形式，彰显了这样一个主题——“我们去的是产能，做的是人的工作”。记者之前两次深入企业，先后跑了多家煤矿，采访了一批普通职工，也采访了包括矿领导、中层干部、工会主席等在内的许多人。一次次的感动，一次次的感悟，反复思考、提炼、打磨、补充采访，报道力求客观真实地记录历史变革中的重要事件，关注普通职工、普通个体的命运，在坚持正面报道为主的同时也不回避问题，一经见报就引起了很大反响。这组报道的成功推出，至少给了我们以下三点启示。

其一，文风的背后是作风。这组报道的可贵之处，正在于它少了一些结论和概念，多了一些事实和分析；少了一些空泛说教，多了一些真情实感；少了一些抽象道理，多了一些鲜活事例。做到这些，光靠“写”是不够的，其前提是要有扎实的采访作风。也就是说，在写作的前置环节，包括个体实施和系统运作两个方面，其操作必须明晰、具体、系统、到位。新闻采访大多是“挖掘性的”，需要对事件、人物的价值作出判断。那种听听汇报、拿点材料、蜻蜓点水式的采访，不仅可能偏离真实性原则，还容易陷入僵化、雷同；而对某一事件新闻价值的判断，也需要在不断地占有素材、不断追问、不断获得感悟的过程中渐趋完整。

其二，报道的亲和力和感染力，源自人物本身的“美”，而“美”与“真”、“善”又是不可分割的。事实一再告诉我们，改进文风需要尊重新闻规律。具体到这组报道，因为转岗分流是矛盾集中点，所以既要讲大局，又要兼顾利益各方；既要直面问题，又要理性看待、理性表达；既要揭示问题的复杂性，更要注重解决问题的建设性。在关注普通职工命运、讲述普通职工故事的同时，特别要注意避开刻板印象和成见；要注重细节、关注过程，多用群众语言；要考虑读者的心理需要和信息需要。

其三，摒弃“长假空”，倡导“短实新”，深化“走转改”活动是有效的途径。“走转改”精神体现了马克思主义的新闻观和方法论。不断改进文风，需要发扬“走转改”精神，需要新闻舆论工作者用心体会、用心实践。去产能是一个重大举措，也是一项重点工作。改进工作报道，创新报道方式，必须提高认识主动作为。目前，报纸上工作报道依然占据相当版面，这是因为工作报道本身包含许多有效的信息，因为各级党政、工会的工作重点，必然是群众关心的热点、难点、焦点。那种认为抓新闻就是少写或不写会议性、工作性、成就典型性报道的看法，至少是不全面的。关键是，我们的报道是否能够充分挖掘有效信息，讲求针对性，努力还原事实，而不是相反。那种摘摘文件抄抄讲话、生搬概念堆砌数字、缺乏准确解读缺乏深刻分析的报道，是很难谈得上影响、谈得上传播效应的。

三　推进媒体融合发展的过程，也应当是不断改进文风的过程

如今的新媒体方兴未艾、后来居上，正成为重要的新闻舆论阵地。媒体融合发展的潮流已经把新闻传播事业推到了一个谁也不能故步自封、谁都必须适应变革的新阶段。因此，必须深刻把握新闻传播规律和新媒体发展规律，既要把传统媒体的内容写作、人才队伍等优势向新媒体延伸，又要主动借助新媒体的传播优势，从“相加”到“相融”，完善体制机制，推动融合发展。

近几年来，我们深切地认识到，如果我们还沿用一成不变的传播范式、生产流程、议题设置、话语体系、表达方式、技术手段、效果反馈，必然很难跟上时代发展的节拍。因此，我们抓住“融为一体、合而为一”这个关键，推动各种媒介资源、生产要素有效整合，探索流程再造，确立以用户、受众为中心的指导思想，积极探索新媒体考核评价机制，努力打造特色鲜明的融合产品和新媒体品牌，朝着建设新型主流媒体的目标要求努力。

不久前，第二十六届中国新闻奖评选结果揭晓，工人日报社《为什么2元钱的“救命药”没有人做？》获

文字系列一等奖。这组报道包括 4 篇消息，是由报社融媒体中心和要闻部的编辑记者共同策划、共同组织完成的，可以说，这是一个媒体融合的“产物”。据主创人员介绍，这组报道的线索来自新媒体——在一个群里，一名白血病患者急寻救命药的消息引起了记者的注意，尽管各地媒体的热心人鼎力相助，但四天过去了，患者还是没有凑齐急需的廉价救命药。记者没有停留在表象，还是进入了更深层次的思考和探究。随着采访的深入，一系列事实便陆续呈现在读者面前：一种廉价针剂停产，媒体和网友全国寻觅 4 天才找到——人们发问为什么 2 元钱的救命药没有人做？在网上，许多网友发出呼吁，别让廉价药消失；记者探访北京部分医院和药房，发现廉价药渐行渐远；一些业内人士建言献策，让廉价药重回“寻常百姓家”……

这组报道的另一个重要收获是，在策、采、编、发几个环节实现了流程的优化，更强调交互性和受众意识，其内容结构、话语方式更贴近群众、贴近实际、贴近民生。所有这些，客观上促进了文风的更新和改进。这也启示我们，推进媒体融合发展的过程，本身就是不断改进文风的过程。无论是坚定信心努力把报纸办得更好，还是充分运用新技术创新媒体传播方式，适应分众化、差异化传播趋势，都必须转作风、改文风，努力打造更多有思想、有温度、有品质的作品。

这组获得中国新闻奖一等奖的报道，其主创人员是清一色的年轻人。这使我们体会到，不断改进文风，必须加强人才队伍建设，提高新闻从业者的职业素养。媒体竞争关键是人才竞争，媒体优势核心是人才优势。针对报社采编队伍年轻化的特点，我们采取多种措施，加强学习培训、业务练兵。例如坚持每周一的评报制度，努力把它办成“新闻实务大讲堂”；在重大策划、重大报道中，推动“老带新、师带徒”成为常态，让年轻同志能够有更多机会到基层一线接地气、察实情，锤炼脚力、眼力、脑力、笔力，从而更快成长进步。事实证明，这些做法收到了好的效果。

（原载于《新闻战线》2016 年第 12 期）

时政新闻的判断与把握

时政新闻从采访到编辑到最后见报，其实整个过程不外乎两个方面：一是报什么，这需要若干的判断；二是怎么报，这又需要有若干的把握。

那么什么是时政新闻？我们知道，新闻是实践性很强的一个学科，很多时候，如果过多地纠缠于概念和定义，我想是很可笑的，但考虑到接下来叙述的方便，我在这里还是跟大家做一个简要的介绍。据我所知，业界对时政新闻这一块基本有三种看法。其一，时政新闻，顾名思义就是时事政治新闻，这个比较容易理解。简单地说，党政机关、领导层的一些会议、活动、讲话，包括作出的决定，出台的一些文件、一些政策等的报道。其二，时政新闻仅仅用时事政治新闻加以概括是远远不够的，就当前一个时期的情况而言，事关改革开放的总体进程，体制变革带来的各种矛盾，社会发展各领域出现的新生事物，法制的进步，思想观念的碰撞与突破，政治、经济、文化建设中的新成就、新问题，市民社会、百姓生活的新形态、新要求等而引发的事件的报道，都应该归入时政的范围。这样一来这个范围实际上是非常广泛的。其三，有一点折中的味道，认为时政新闻可以有狭义和广义之分，所谓的狭义指的就是上述的第一种观点，所谓广义就是第二种观点。

先来讨论第一个大的方面：到底应该报些什么。

首先要解释一下，以下讨论所涉及的若干判断，都不是关于内容或者事物的一种分类、归纳和分析，因为在我看来，社会生活的领域这么多，社会生活也是丰富多彩、千变万化的，任何一种归纳可能都是挂一漏万的。那种试图把报道的领域归纳成若干方面，列举出若干可以报道的问题，给自己设定一个框框的做法，我认为不必要，也不明智，因为它不符合新闻规律。这里涉及的所有的判断和把握，更多地属于思想方法上的东西。如果往更大的方面说，我们现在一直在说关于新闻价值判断的问题，我认为它应该属于我们所说的新闻价值判断的一个方面，甚至在某些时候是一个重要的方面。

我想跟大家探讨四个问题。第一个问题：有关框架范围的判断原则。这个问题其实本来是没有必要谈的，但实际工作中我们经常遇到类似的问题，经常就有人给我们打电话问，说哪个领域有个什么什么事情，能不能报道。有时候我们感到很奇怪，这个问题本身是有问题的，因为总体而言，我们从来没有设定一个框框，说什么东西可以报道，什么东西不能报道，当然，违反宣传纪律的东西除外。这里我认为很多人对于时政新闻这一块认识上不是很清楚。我认为有必要谈一下我个人的认识。我认为，如果非要给出一个思路或者原则，用这八个字可以概括："关注'三工'、'三工'关注"。

先说"关注'三工'"。这是显而易见的，因为我们是全国总工会的机关报，是一张综合性的大报，我们立足“三工”，当然要关注“三工”领域发生的所有重大的问题、重大的事件，这是毫无疑问、不容置疑的。在这里，我想重点讨论一下“‘三工’关注”这四个字。我理解，“三工”关注包含的问题非常之广，例如工资收入、住房、子女教育、医疗、安全生产等，这些无一不跟职工群众密切相关。这里面跟我们有密切关系的事件、领域，我认为也应当成为《工人日报》关注的对象。实际上，“关注‘三工’”也好，“‘三工’关注”也好，都是立足“三工”、服务“三工”的体现。如果我们做到了这两点，我认为就是坚持了“三贴近”原则。再具体一点，我们有一种报道思路，叫“一机两翼”，即立足工会新闻，关注决策新闻，关注民生新闻。我认为这个概括是准确的，也是可操作的。决策新闻和民生新闻，一个是高端新闻，一个是落点新闻，把握好了这两个方面，从大政方针到基层落点就都有了。

这里要强调的是，任何事件，判断它是不是新闻，该不该报道，主要依据是其新闻价值的大小，而不管它属于什么领域、层次、侧面。

第二个问题，就某个事实而言，在采编过程当中可以有哪些判断。我认为，所有的判断都应该符合平衡结构的要求。这里所说的平衡，指的是报道的平衡。时政新闻的结构平衡是指对时政新闻所涉领域、层次、侧面、观点等，报道时应全面顾及，综合反映，虽然报道时可能会有所侧重，但不可忽视其他领域、层次、侧面、观点，唯其如此，才能向受众全面展示时政领域的典型图景。关于平衡其实我们经常在讲，编前会上，总编辑可能会说：这个报道不能这样做，要不然不好平衡。这里有几种情况，如地域之间需要平衡，各部门各领域工作之间也需要平衡，甚至有时候某种关系也需要平衡，等等。如果我们一段时间内对某个方面报道偏重偏多，对其他一些方面偏轻偏少，就可能导致报道的不平衡，最终就可能对报纸的影响力造成损害。

以上平衡其实是比较容易把握的。这里还有一种情况：就某个事实本身，在采编过程中也有若干方面的平衡需要加以判断、加以把握。

先说第一个判断：是否有利于拓展报道领域。这个问题比较好理解：现在我们翻开报纸，会发现来自党政机关、领导层的新闻数量非常多，规模大，非常突出；与此同时，落点新闻相对少得多，即政策在基层落实情况的报道明显偏少。报道领域的缺失导致了整个报纸结构的缺失，影响了新闻报道的平衡。解决这个问题，就目前来看就应该拓展基层领域的报道。

这里想重点讨论第二个判断：是否有利于丰富报道层次。这里所说的报道层次，指的是不仅要报道好大政方针，同时还应该探究其背后的决策过程，施政行为的原因等。我们都是干新闻的，各种各样的发布会参加过不少。例如，某部委要发布一重大政策，“我”去了，就拿回来一个几百字的通稿，当然政策内容都有了。但第二天“我”发现，别的报纸别的记者据此做出了半版甚至一版，从背景到政策出台过程再到走势都有详尽的报道，好看。现在的问题是，为什么别人可以，“我”却没有做到？一个很重要的原因是，“我”完全没有这种判断！由于不考虑丰富报道层次的需要，所以“我”还会认为“我”已经做得不错了，至少是当日新闻啊！其实，在资讯发达、新闻同质竞争激烈的今天，“我”拿回来的稿子是不完整的，是有缺陷的。究其原因，我们今天更多的还是强调个人主观的因素，例如懒惰、没有深入采访、平时缺乏积累、对问题缺乏研究等，我以为这些固然重要——不然为何有人就能做？但是，还有一点可能被人有意无意地忽视了：新闻自身的规定性如果缺少了与时俱进的品质，它迟早会使人变得懒惰。

第三个判断，是否有利于展现报道侧面。同样一个事物，换一个角度看可能不完全是这种形态，有时候甚至会是一种相反的形态。现在的主要问题常常表现为思维简单，只看到事物的一个方面、一个侧面，而有意无意地忽视了其他方面、其他侧面，结果在一味肯定、赞扬的同时，陷入质疑声中。我曾经到过东北的一家企业，企业领导层津津乐道地给我们介绍他们的准军事化、半封闭式管理法：上厕所要报告，吃饭用吹哨限定时间，走路要三人成行靠右走，等等，说这样好，生产效率大大提高。如果我们简单地照着企业的思路进行报道，就可能引发其他的问题——这种做法是否侵犯了职工的合法权益，企业内部的规章是否超越了法律法规？所以我们看一个事物，要从多侧面、多角度考量，要重视展现不同的侧面。

第四个判断，是否有利于强化报道观点。所有的报道都体现了一种倾向、一种观点，而看待一个事物又可能有多种观点、多种倾向，这里也应该有一个平衡的把握。这个问题就不展开谈了。现在不少报纸都强化了新闻评论，甚至都把它作为新闻版看待，我认为这里有许多因素，作为最有效率的文体之一，新闻评论契合了现代人的需求，它可以不再是仅包含单一的信息，而是多种信息，可以不再是一种观点，而是多种观点。但我认为，除此种种因素之外，是否也是出于结构平衡的需要？

第三个问题，对时政新闻的几个认识误区。其一是把时政新闻看窄了。这里有很多原因，一种是固执地从狭义角度看待时政新闻，另一种是报道本身可以有很多角度，在认识上存在差异。多年前我曾处理一篇稿子，主标题是《广州：七万村民入工会》，这则新闻至少有两个角度：第一个角度，是工会角度，基本事实是工会发展一批会员，这里面有两个判断——七万这个数字有没有说服力？广州这项工作是不是做得好？从这个角度看，一些人可能会认为这篇稿子不应该发，因为这两点都不过硬。第二个角度，就是时政角度：在当时的背景下，城市和乡村的鸿沟依然巨大，工人和农民的界限依然鲜明，但是在中国的某个地方，却有这样一群祖祖辈辈以种田为生的人，在不知不觉中实现了这种跨越，悄悄地完成了身份的转变，这无疑是社会进步的信号，因而它具备了时政新闻的特点。以这种角度看待这篇稿子，是七万，还是十七万、七十万，是广州，还是福州、杭州，它都已经退居其次，重要的是这种事发生了，农民自己把自己变成了工人，他还加入工会了。其二是认为时政新闻不好搞。一些人看来，时政新闻要规范、准确，弄不好容易出问题，所以不想搞。其三是认为时政新闻没意思。无论怎么努力、花心思，都做不出花来，纯粹是浪费时间。

所以做好时政新闻报道，应当先要解决好这些认识问题。《工人日报》的定位和特点要求我们必须高度重视时政新闻，而这又是由时政新闻的重要性和与公众的关联性所决定的。

第四个问题，什么样的稿子能上一版，或者干脆说，什么样的稿子能上头条？这个问题我们平时也经常在探讨，收到一篇稿子，编辑部的主任可能会说：这篇稿子不错，它应该是个头条。那么，为什么它就“应该是个头条”呢？我想这个“应该”里面，就包含诸多判断。全面分析这个“应该”有难度，它甚至是一个仍需不断探究的课题，但我想，一篇稿子“应该是个头条”，至少要具备以下三个特征：一是题材重大，反映的是当下人们普遍关注的重大的、带有全局性的、前沿的甚至是敏感的问题；二是新闻要素齐全，有基本的事实，或者本身就是一个事件；三是思想性，报道本身体现了对问题认识和把握的高度，这是最重要的。

去年 6 月 20 日本报一版头条刊发了云南记者发回的报道，引题是：“三个注重”帮助农民工融入企业融入城市。主题是：云锡集团十年造就近千合格产业工人。这篇稿子发回编辑部的时候，记者本人还附了一封长达 1000 多字的信。我当时的第一感觉是，报道不错，但信写得更好，所以我的第一判断是：应该以某种方式让这封信与报道一起公开见报。最后它以“记者手记”的形式编发了600字，标题是：自然而然想到的问题。文章写道："这些年，我本人一直在思考文明、文化与体制解构、制度建设等一系列问题。我以为，城市化、工业化在中国语境下的实质是如何借助已有的物质文明、精神文明成果，帮助数以亿计的农民成为真正意义上的现代人。每当麦收时节，我在云南的公路上看到农民将麦子平铺在柏油路上借助来往汽车的碾压脱粒的时候，每当我看到还有村民以人畜混居的生活条件（抑或一种生活方式）过着云淡风轻的日子的时候，我就会自然而然地想到这个问题……"

在农民工问题引起全社会高度关注的时候，我认为这段文字难能可贵，它不光优美，不光人文，同时还闪烁着思想的光芒。如果我们都能多一点这样的认识，那么我们采访过程中就可能多一些慎重、多一些掂量，从而多一些客观，我们在编稿过程中也可能多一点把握、多一点思考，从而多一点理性——因为在农民工问题上，工会承担起了自己应该承担的职责，但不是"包打天下"，农民工问题的有效解决，归根到底要依靠党和政府。而人的现代化，更需要时间，需要一个过程。

接下来讨论第二个大的方面：怎么报。这涉及四个问题，下面重点谈前两个问题。

一　抓问题而不是摆现象

这里涉及本质与现象的关系。日常工作中，我们发现为数不少的报道不是在抓问题，或者说没有抓问题的意识，更多的是一种摆现象。例如贫困问题，就中国的现状而言，任何一条繁华街道的背后，都可能有贫困的人群、贫困的角落，如果要摆这种贫困的现象，闭着眼都能找到，三天三夜也摆不完。去年我们推出的《把农民工维权成本降下来》一组 6 篇系列报道，获得了方方面面的好评。但要我说，这组报道最大的亮点不是因为别的，而是它抓问题，抓住了问题，抓准了问题。平常工作中，类似的策划是极易停留于摆现象的。找几个人开个会，然后分头下去，随便找个工地跟几个农民工聊一聊，都能找到这样的材料。而且，从单篇来看，有些故事也可能很曲折，文字好点的话，也是很有感染力的。但把所有的报道放在一起，就可能发现问题：这些故事到底要告诉人们什么呢？充其量，它只能告诉我们一件事，农民工维权成本居高不下！而当“农民工维权成本居高不下”成为一种普遍现象的时候，我认为它只是一种现象，而不应该成为新闻。此时此刻读者想要知道的是，农民工维权成本为什么居高不下？其背后的原因是需要我们探讨的，这组报道就是因为抓住了这个问题层层剖析，所以引起了有关方面的重视。

二　变工作报道为抓新闻，即便是工作报道，也要努力挖掘有效信息，讲求针对性，努力还原事实

这里有两层意思。第一层意思，变工作报道为抓新闻，包含对新闻本质的尊重和把握。有人说新闻的本质是事件，也有人说新闻的本质是信息，无论哪种说法，都说明“工作日志”不应该成为报纸的常态。这方面的论述和要求都有很多，这里我想仅举一例。我记得《工

会周刊》曾发过一篇报道，标题记不太清了，内容是一对打工夫妇在外地遇到了黑心老板，老板不光打骂他们，还扣压了他们所有的东西、证件。他们最终逃出来了，可是身无分文、举目无亲，身上就剩下一个工会会员证。于是，他们抱着试试看的想法找到了当地的工会组织，工会组织热情接待了他们，给他们食物，给他们买了车票，还资助了路费，最终他们回到了家乡，用他们自己的话说，是工会会员证帮助了他们逃生。而他们回去后做的第一件事是，补交了自己拖欠的会费。在这一事实的教育下，该村所有外出打工的人都加入了工会。可以说，这个报道是一个标准的事件新闻。

作个假设，假定报社派个人去采访一下这件事，就派我吧，那么我会拿回来一个什么东西呢？一种可能，我也能写出一个事件新闻，可能标题更生动，文字更简洁到位；还有一种可能，我的报道会这么写：标题是某某工会为农民工伸出援手，导语是：某月某日一对农民工夫妇拿着一面锦旗来到某某工会，他们热泪盈眶地说工会真是我们的贴心人啊！第二段：原来事情是这么回事……第三段：某某工会主席得知这一情况后，当即指示要认真予以解决，几位工会干部主动放弃休息时间，给予了无微不至的照顾，等等，等等。

同样一个事件，都在说工会好，一个是标准的事件新闻，另一个是标准的工作报道，哪个效果更好呢？我想答案是不言自明的。所以关键是我们自己的把握。有时候我甚至在想，转不过弯来的时候，是否可以有一个简单判断：看看自己所写稿件主标题的主语是谁——如果主标题的主语是某某市委市政府、某某工会，我看怎么写八成也是一个工作报道；如果能写成其他，估计就有可能靠近事件新闻了。

第二层意思，即便是工作报道，也要努力挖掘有效信息，讲求针对性，努力还原事实。出于众所周知的原因，目前报纸上完全没有工作报道怕是做不到的，其实，工作报道本身也包含许多有效的信息，因为各级党政、工会的工作重点，必然是群众关心的热点、难点、焦点。去年 7 月，本报头版头条刊发了这样一则报道，标题是《福州茶亭街 4300 户居民“和谐拆迁”》，这则见报稿就很能说明问题。

这则报道在采编过程中编辑部与记者有过多次沟通，并且讨论到了背景：当时一些地方接连发生因强拆引发的一些恶性事件，这些事件因为敏感，所以报道的时候需要特别慎重。而我们认为在这一系列强拆事件中所有的核心问题就是四个字：与民争利。一方面，开发商、地方政府以及与此有关的单位和个人都不肯轻易放弃自己的利益，都在追求自身利益的最大化；另一方面，对于一些拆迁户来说，房子可能是他们唯一的财产，是他们安身立命的唯一依靠。在这种情况下，矛盾出现了，冲突出现了，恶性事件发生了，而福州的做法里恰恰有一条，明确要求补偿细则让利于民。在一些地方的强拆事件中，往往都有暗箱操作的质疑，地给谁了、多少钱、做什么用途，外人往往不得而知，而福州的做法恰恰是要求透明公开、全程监督。一些地方的拆迁户在遇到问题时往往状告无门，采取过激行为也不知道要承担什么样的法律后果，而福州的做法恰恰是让法律专家亲临拆迁现场，随时提供咨询和指导。

正是在这种充分讨论和沟通的基础上，稿件得以完成和见报。去年我到福州出差，该市的一位领导一见面就主动跟我提起这篇报道，说报道写得好，要感谢《工人日报》。这位领导认为报道好就好在用事实说话，有说服力："如果只是简单表扬福州市委、市政府，人家还会以为是我们背后做了什么工作呢！"她还认为标题好，说以前他们自己归纳得不太好，什么为民拆迁啦、依法拆迁啦等，现在他们改了，大会小会，包括文件上都是"和谐拆迁"了！

之所以举这个例子，我想说的是：一篇很容易被做成工作报道的稿件，经过我们方方面面的共同努力，使之比较符合新闻的要求，让报纸变得好看了一些；而更说明问题的是，我们报道的对象、被表扬的对象也认为这样好，应当说，这是值得我们深思的。

三　实现与民生新闻的融合

提出这个问题，本意是想对民生新闻加以强调。其实这样说话本身是有问题的，如果非要准确表述，应该是：实现狭义时政新闻与广义时政新闻的融合。从报纸的情况看，目前来自领导层、决策层的报道数量是多的，版面是突出的，规模也大。而与此同时，基层的、落点的报道不仅数量相对少，更大的问题在于，两者之间是隔离的——决策新闻是决策新闻，放在重要位置；与此密切相关的落点新闻，则往往被安排在其他版块，显得琐碎、不成规模。因此，在实现途径上我认为可以从两个方面着手。

一是在内容方面应更加关注民生题材，就业、社会保障、收入分配、医疗、住房、安全生产、社会治安等，都应该在我们的视野范围内，这是我们的责任，同时也是扩大影响力、提升核心竞争力的需要。二是应当帮助职工群众理解宏观的、上层的信息，形式上体现贴近性。宏观的、上层的信息，因为离老百姓比较远，加上长期以来我们报道上形成的僵化模式，容易使人厌倦，这就要求我们不能把这些东西简单地搬过去，而要通过我们的报道融化到他们的心中。这要更多地强调生动活泼，还有服务性的问题。

四　与时俱进把握独家新闻

关于这个问题相关的讨论已经非常多了，在这里只谈三点认识。

第一，今天的独家新闻不应仅仅是意味着抢到了“第一落点”和“第一时间”，它同时还意味着独家观点、独家方法、独家角度等。

第二，要力争对同一新闻事件挖掘出比别人更深入的新闻事实，阐发新的观点，通过对已知事实的重新排列，亮出新的观点、思想，尤其要注意交代读者已知事实背后为读者所不知的事件成因、道理和走势；可以通过类比、资料分析等手法，用独家方法交代事件。

第三，是否可以这么说，长时间以来我们理解的独家新闻，着重于“记录”新闻的独家性，侧重于告诉人们昨天发生了什么；而今天的独家新闻在告诉人们事件的同时，应该在侧重于告诉人们明天怎么办时体现独创性，因为这是今天的读者的需求。

最后想给年轻同志提一个建议。这个建议完全缘于自身的经历和感受：新进入一个行当，自己辛辛苦苦写了一篇稿子，辛辛苦苦编了一篇稿子，那么它到底行不行呢？有时候自己确实心里没底。这时候可以有两个简单标准，自己做一个判断。第一是在写完、编完一篇稿子后，看看自己是不是比较轻松地取了一个不错的标题，或者一个精彩的标题。如果是，我认为这篇稿子本身应该是不错的；如果不是，这篇稿子可能就还有改进的必要。这里我还想顺便谈谈对“厚题薄文”的理解。关于“厚题薄文”，但现在我们还往往做不到，因为“厚题薄文”有一个前提条件，即这个标题确实要像新闻标题，确实有东西能够抓人。设想一下，如果满版都是“成效显著”、“如火如荼”、“效果明显”之类的，我们给它搞成“厚题薄文”，那会是什么效果？要我说，那就不是“厚题薄文”，而是“厚颜无耻”了，难看啊。所以我认为，与其说“厚题薄文”是一个目标，倒不如说它更是一个手段——借此提升我们的内容，我们处在一个内容的时代，内容为王，它最终的落脚点在于此，良苦用心也在于此。第二个简单标准就是，稿子写完后看看有没有人给评论一下，不妨设想自己给自己的稿子配个评论，看看能不能找到一个不错的角度，是不是有很多话要说。如果是，这篇稿子至少应该合格；如果不是，恐怕内容是有欠缺的，还需要加以充实。

许多年前，我读到了张建伟的一本书，书名叫《深呼吸》。他在书中多次引用的一句话，我自觉无论在新闻工作的哪个岗位，都让我受益匪浅。所以在结束今天这次讨论的时候，我愿意用它来作为结束语。这句话是这么说的：不要试图去寻找什么重要新闻，而要努力使新闻重要起来。

怎么理解这句话呢？见仁见智吧。

（原载于《实践与思考》2007 年第 9 期）

把思想、理念、原则转化为过程和方法
——从“昆山故事”看改进工作报道若干问题

一组注定并不能成为真正意义上“新闻文本”的报道，值不值得我们下一番功夫认真去做？在工作报道依然普遍占据大量版面的现实语境下，报道方式的改进和创新能否包容对新闻规定性的尊重，从而不失为一种追求？

从确定昆山报道的选题开始，我认为，采编过程实际上同时也成为对上述问题的一个求证过程。从这个角度看，报道固然重要，但比这更重要、更有意义的是这样一个过程本身，是这样一种努力以及努力的方向。

“昆山故事”是一个结合点，也是一个切入点

“昆山故事”一组报道共 5 篇，外加 1 篇社评，于今年初见报，而从选题策划到采写编辑则是从去年 10 月份开始、年底完成的。文章见报后，得到了方方面面的好评，也获得了许多鼓励。

不必讳言，但凡有过新闻工作阅历的人，相信一眼就能发现这组报道的“先天不足”，即它依然是“回顾总结”式的报道，每一篇报道也都还有一个“主题”；无论故事怎么生动、细节如何真实，它都解决不了新闻时效性这个无法回避的问题。当然，离重大新闻发现、冲

击力之类，恐怕就更远一些了。

既然如此，为什么还要抓昆山这组报道呢？或者说，“昆山故事”到底想表达什么、体现什么意图呢？

一些评报者提到了社评，认为《我们为什么要关注昆山发生的故事》是一篇好的解读文章。的确，这篇文章与以往传统的一些评论不同，重点并不放在对某一事迹或成就的概括提炼，不放在试图阐释某种深刻的思想内涵，而放在了报纸对发生在昆山的这些事的一种价值判断，放在基于这一判断之上的类似媒体立场的一种表达。

其基本事实和逻辑是：第一，这些年来在这片土地上，上演着一个个区域经济强势而上的奇迹，蕴藏着一个县级市迅速崛起的诸多奥秘，作为全国百强县（市）之首，“昆山之路”本身有了足够的吸引力。第二，在这一过程中，昆山工会每天都可能遇到新的问题，每天都必须去解决这些问题，没有时间准备，没有现成办法可依，不能等待，不能观望。昆山市总工会主席顾志中说，这些年他在各地做了几百场报告，自己不讲什么理论、思想，只讲每天遇到了什么事，然后又是怎么去做的——这等于告诉人们，这里有事，有很多事。第三，昆山工会昨天、今天遇到的问题，会是其他地方工会明天将要遇到的，昆山的种种努力、探索，包括经验和教训，可以为其他地方提供启示和借鉴，可以让他们少走弯路。第四，推动工会工作创新发展不能只停留在口头上，除了在实践中寻找最佳路径别无选择。因此评论写道：“或许在一些人看来，这些故事仍然普通，甚至平淡；或许在另一些人看来，这样的故事在很多地方也已经或正在发生；或许，我们的讲述挂一漏万，与这座城市每个角落每天都在发生的故事相比显得微不足道——尽管如此，我们仍然相信，这些故事值得我们去关注。”

当然，这样一种判断也是在其后的策划及采编过程中不断趋于完整的。除了这一层面的判断，其实还有另外一个原因不得不说，话题由来已久，那就是关于改进工作报道、创新报道方式的问题。出于众所周知的原因，目前报纸上工作报道依然占据了很大的版面，就外部而言，客观上也有这个那个要求。而无论来自哪方面的要求，都需要正确对待。一方面，这类要求多，至少说明还有人看重我们的报纸，把我们的报道当回事；另一方面，更重要的是，工作报道也不是一无是处，其中包含许多有效的信息，因为各级党政、工会的工作重点，必然是群众关心的热点、难点、焦点。那种认为抓新闻就是少写或不写会议性、工作性、成就典型性报道的看法，至少是不全面的。关键是，我们的报道是否能够充分挖掘有效信息，讲求针对性，努力还原事实，继而在可读的基础上产生影响、实现传播效应。

以本报一版刊登的工会报道为例，近几年来一个基本的事实是，工会报道的数量已占据了相当大的比例，要闻部曾经有一个统计，大体占到了六成。那么，每天大量的工会报道，到底有多少形成了好的传播效果，产生了大的影响力？答案显然并不乐观。与此同时，我们却注意到，其他媒体偶尔涉足工会领域的一些报道，往往有着不可小觑的影响。

改变这一状况需要编采人员的共同努力，也需要在一些局部有所突破形成版面引导。因此，昆山选题就成了一个很好的切入点。其中，与相关记者、部主任的多次讨论交流，获得了更多的认同，尤其是，总编辑对这一想法给予了大力支持，不仅给予了具体指导，同时还提出了更高的要求，即希望报道还能够触及工会工作的一些前沿问题，能够以报道的方式形成对工会工作的有力推动。

在充分讨论的基础上，我们给这组报道设立了三个努力的目标：第一，报道要努力还原事实，可读性的要求必须贯穿始终；第二，改变以往传统的工作报道的一些写法，力求有所突破，探索工会报道更多新的模式；第三，触及若干工会工作的前沿问题，力求对工会工作形成有效推动和影响。其中，第一个目标是稿件见报的最低要求，后两者作为工作目标，是一个努力的方向。

认识重要，操作也很重要；从认识到操作，还是一个再认识的过程

“昆山故事”系列报道在江苏及昆山当地的反应，多少有些出乎我们的意料。因为通常情况下，作为地方、部门特别是被报道对象，往往会要求我们报道工作成就、经验做法，要求正面评价、全景反映，甚至能让有关领导的名字挨个出现一下最好。区别于通常情况下的这类工作报道，“昆山故事”关注点首先放在了“人”身上，讲述普通人的经历、遭遇、感受，努力用一个个故事来取代单纯的工作简报、抽象数字，用新闻报道服务工作推动工作，报道最终得到了当地的认可和赞扬。应该说，这一点确实值得我们深思。

这组报道的组织方式继续采用了类似“项目管理制”的做法。这种工作机制在去年汶川大地震一周年的报道中有过尝试，有记者认为其好处很明显，即前方的记者只需要认真按照既定的目标完成任务，后方的协调和沟通不再需要操心，也不必为了每天报道什么、版面如何安排而没完没了地跟编辑部反复讨论。“因为有了一个相对封闭和独立的指挥、运作系统，报道的采写、编排，相关资源的协调配置、进度跟踪、报道意图的贯彻等方面，路径更清晰、效率更高。”

这里提到的“指挥、运作系统，报道的采写、编排，相关资源的协调配置、进度跟踪、报道意图的贯彻”，恰恰都是操作范畴的事。应该承认，在以往我们的不少重大报道中，可能程度不同地存在这样一种倾向，即重认识、轻操作，其结果常常导致对某一事物的认识尽管达到了一定的高度，最终却并不能真正体现在报道中。

提高认识是“必须的”，但绝不意味着可以忽视操作。许多时候，认识是一回事，操作又是另外一回事，而事实也一再证明，从认识到操作，还是一个再认识的过程。再好的思想、理念、原则，如果不能转化为过程和方法，只能是停留于脑子里的东西；再深刻的认识、见解，如果不能具体到操作的每一个步骤、每一个环节，最后只能是大打折扣甚至走形。昆山报道尽管只有王伟和毛浓曦两位记者参与，但依然沿用了“项目管理”的方式，所不同的是，如果说“汶川大地震一周年特别报道”重点放在了探索新的工作机制，那么，昆山报道的组织方式相对就变得简单了，重点放在了围绕报道方式创新的各个环节、要素上。

记得参与“汶川大地震一周年特别报道”的若干记者曾有“表达困境”的说法，“找不到感觉”的困扰相信能让许多人感同身受。导致“表达困境”的原因很多，也可能因人而异，因事而异；陷入某种“表达困境”，还可以理解为一种“超越平庸”的渴望和自我加压。因而，走出“困境”之路也就不尽相同。

除此之外，我们可能也需要从另外一个角度来思考：“表达困境”的出现到底是源于认识问题，还是操作问题？或许是前者，或许是后者，或许两者兼而有之。而从历次重大报道的情况看，我认为问题大部分还是出现在操作层面。当“表达”陷入了某种“困境”，一定是因为“表达”的前置环节的操作不明晰、不具体、不系统、不到位，包括个体实施和系统运作两个方面。

具体到“昆山故事”这组报道，因为王伟对工会报道及昆山工会非常熟悉，毛浓曦也因“东西部工会两地书”与昆山工会结缘，加上他们本身的新闻及文字功底，使得大家能够在理清思路之后迅速按照报道意图着手准备。方案之所以改了三稿，先后写了一万多字，就是力图使操作部分，包括相关步骤、顺序、重点、目标及相互间关系等方面，尽量细化、具体、有可操作性。

思想的最终体现，需要合适的载体和恰当的方式，更需要合乎规律的手段和方法

“昆山故事”一组报道，见报稿改了五稿，评论也改了三稿。其中每一次的讨论、调整、修改，并非纠缠于

所谓的思想、理念和原则，事实上，无一例外都在为思想、理念和原则的“表达”寻找一个更合适的载体、一种更恰当的方式。而对于某些涉及认知规律、传播规律手段和方法的讨论，我认为则超出了某一报道的范畴了。

比如，本质与现象的关系问题。日常工作中，我们发现为数不少的报道不是在抓问题，或者说没有抓问题的意识，更多的是一种摆现象。摆现象是简单的，就像贫困问题，就中国的现状而言任何一条繁华街道的背后，都可能有贫困的人群、贫困的角落，如果要摆这种贫困的现象，闭着眼都能找到，三天三夜也摆不完。有鉴于此，“昆山故事”这组报道做的第一项工作是，把中国工会面临的一些重大甚至是棘手的问题进行了一番梳理、甄别，在此基础上确定几个选题；其次，不简单停留在出台的措施、开展的活动等纷繁的现象层面，而是深入“人”，在个体生命中获得感性认知，力求把握住问题以及问题发生、发展的本质。报道最终体现了多少姑且不论，从“方法”的角度来认识，这对改进工作报道特别是工会报道是有借鉴意义的——因为，目前工会报道的最大缺陷恐怕就在于，除了现象还是现象，把工作分分类，找几个例子举一举，找几个人表表态，等等，缺少事件，而缺少事件的症结往往是被现象蒙蔽了双眼，问题倒被放在了一边。

涉及工会报道的另外一个突出问题是，就工会报道工会。一头扎到工会，然后是工会在干，工会在说，工会在评价，最后，报道也就只有工会甚至是只有被报道的某某工会在看——如此单一的线索，如此一成不变的方式，反映在报纸上其内容的同质化是无法避免的。针对这一问题，昆山报道在采访写作阶段刻意强调了“跳出工会报工会”：既然企业、职工是工会的服务对象，那么，职工、企业以及发生在他们身上的故事，无疑应该成为报道的主体；既然工会工作的重点、难点，必然是党政重视、社会关注的焦点、难点，那么，党政的评价、社会的认可，应当更有说服力；既然是相关的职能部门共同在面对某一阶段的某一难题，那么，他们对工会力量的发挥和效果，应该有更清楚的感知……实际上，如果着眼于报道的结构平衡，这本身就是一个基本要求和基本方法，即我们在报道某一方面内容的时候，应该对其所涉领域、层次、侧面、观点全面把握、准确反映，虽然单一的某篇报道可能会有所侧重，但整体而言不可忽视其他领域、层次、侧面、观点。唯其如此，才能向受众展示其典型图景。

在这组报道的实施过程中，注意到业内关于“提升新闻处理能力”的话题。可以预期，关于“新闻处理能力”的讨论还将继续和深入，并终将给业界带来实质性的影响和变化。可以佐证的事实是，已经有人开始反思，为什么每天报了大量的新闻，读者还说没新闻？结论是“我们的新闻处理能力可能出了问题”。受此启发和触动，这次社评以这种方式成为报道的组成部分也是一次尝试。当然，可以做、应该做的还有很多，例如，以内容改革带动机制创新，以“项目”实施协调资源配置，等等。

回到本文开头提出的问题上来。一组注定并不能成为真正意义上“新闻文本”的报道，我认为同样值得我们下一番功夫，也必须下一番功夫；而当外部“要求”与自身“追求”客观上成为矛盾的时候，不仅需要正确看待，更要强调从业者对于新闻规定性的尊重——但是，这一看法绝不意味着类似的报道可以成为报纸的常态，相反，在日常报道中更应该倡导的是，在一个个故事发生的第一落点，在一个个事件出现的第一时间，及时敏锐地跟踪捕捉，从而呈现更多真正意义上的“新闻文本”。

（原载于《实践与思考》2010 年第 1 期）

着眼于自身能力的提高

在我看来，两会采访报道是新闻界同行之间的一次竞争较量，同时更是对自身能力的一次检验和审视。

因而，这一经历就有了其积极的意义。尽管会期只有十几天，但在这短短的时间里可以集中接触到来自社会各界的杰出人物。在与他们打交道的过程中，他们思想的“火花”，他们对许多问题的观点和看法，他们的知识和智慧，无形中对自己就产生了影响，而且这种影响可以是多方面的、深远的。

更重要的，这一经历充满了焦灼、惶恐、紧张、疲惫，自身的能力在这种时候切切实实地受到了检验。只有经历了这样一种过程，在许多的问题上才会有一种“切肤之痛”，其感受才真切而深刻。

回到一个老问题上来——什么样的记者才是一个合格的记者？要求当然很明确，知识积累，理论修养，工作作风，文字能力，等等。

其实这些说法仍然宽泛。很多时候仍让人无从下手——自己的短处究竟在哪里？自身的能力欠缺表现在哪些方面？

应该说，参加两会报道使我获得了这样一个机会，一个使自己的弱点充分暴露的机会。知道自己的弱点所在恐怕不能把它看成一件坏事，因为只有正视弱点，才能不断加以克服和解决，而最终将受益无穷。

一个人能力的表现和提高肯定是多方面的。就记者这一职业而言，我想以下将要提及的几方面的能力是重要的——至少对我本人来说是如此。

1. 与人对话的能力

这种能力尤其在与高层人士和资深学者的对话中更为重要。采访两会的时候碰到过这样一件事：有六七位新闻界的同行集体采访经济学家吴敬琏，我去的时候恰好采访结束，只听到经济学家非常不客气地对记者说："你们以后采访前应该看看有关文章，阅读一些资料，不要五年前的问题还拿出来提问！"

这话让我印象很深，也触动很大。很容易理解的是采访首先是种交流，这种交流要让人有兴趣，采访人首先应该表现出自己的水准，这种激发相当重要。如果采访人对被采访人的背景、所在的领域及所从事的学科一无所知，那么这种"提不出问题"的采访就是多余的，人家就可能拒绝采访。即使有人出于礼貌而接受采访，这一过程也会缺乏思想的交锋、相互的启发及触动，而使人大打哈欠，其结果，一些有价值的、"闪光"的东西就可能随着一声哈欠过去了。

这种对话能力事实上并非我们一般意义上的"口才"。它应该源于知识和观点的积累。简单地说，它是面和点的结合：对某一领域全局的了解及对某一问题深入的研究。我不认为有某个人可以在任何一个问题上与任何人对话，比如与物理学家对话就不容易。但尽量多积累一点知识，并选择若干问题作深入一点的研究，对记者来说同样也是必要的。

2.“硬碰硬”的能力

两会报道的一个特点就是，白天盯会、采访，晚上回来马上要拿出稿子来，这确实是打硬仗。没有足够的时间作更多的思考，没有那么多便利的条件查问有关资料，甚至没有更多的机会跟别人切磋，一切只能在很短的时间内依靠白天的采访和平时的积累来完成。

这里就有高下之分了。稿子尽管也写出来了，但总让人觉着不是那么回事，不到位。我本人的体会就是，平常在一些问题上也觉得能说上几句，但到了真练的时候，关键的话就那么一两句，例如写《两会观察》就有那么一两句话可能就是说不出来，有时甚至感觉“找不着北”。

这里反映的实际上还是同样的一个问题：知识积累不够，问题研究不够。而一定的知识积累，包括理论知识的积累及对问题的深入研究，在采访过程中将表现为相应的与人对话的能力，而在随后的写作过程中则反映出“硬碰硬”的能力到底有多“硬”。

3.“四两拨千斤”的能力

其实应该说这是一种功力更为恰当。这里指的是我们的新闻作品能够以小见大、举重若轻，做到微言大义、于平淡中见奇崛。

我认为这实际上是一种境界，能达到这一境界者必先有一番“苦修”。

尽管不容易，但也不可以放弃努力，我这样想。本届两会各报刊发的报道不少，但给人留下深刻印象的往往是这样一些作品：或是切入点很小，但反映的问题大而深刻；或是从身边事说起，但最终说的是一个大道理；或是一个看似简单的新闻事实，却折射出改革当中诸多的矛盾和难点……

无功力、无境界，自然难有上乘之作，换过来说，想要出佳作，就必须着眼于自身能力的提高。

（原载于《实践与思考》1998 年第 4 期）

讲好新时代中国故事　打造有温度的“三工”报道

学习宣传贯彻党的十九大精神，是全党全国当前和今后一个时期的首要政治任务，是全国新闻战线的头等大事。自党的十九大召开以来，工人日报社编委会紧紧围绕习近平新时代中国特色社会主义思想这条主线，提高政治站位、增强政治自觉，发扬连续作战精神，动员各方资源力量，策划多样选题栏目，运用多种媒体形式，突出“三工”（工人、工会、工厂）特色，用好用活新媒体，用心讲好中国故事、讲好中国工人故事、讲好中国工会故事，推动党的十九大精神深入基层、深入人心。

一　推动党的十九大精神在基层落地生根，用心讲好中国故事

为推动党的十九大精神在基层落地生根，工人日报社编委会统筹谋划、周密部署，组织编辑记者读原著、学原文、悟原理，切实学懂弄通。坚持既严谨又生动，充分利用各种手段和方式，推出一批有思想、有温度、有品质的作品，用心讲好中国故事。

一是加大媒体融合力度，在入脑入心上下功夫，在融入结合上出成效。充分利用报、微、端、网等多种

媒介，紧扣主题原创了大量融媒体产品，如视频、H5、VR、歌曲、图表等，推送了众多特色鲜明的微博、微信、客户端稿件，联系职工群众身边具体事例，反映百姓切身感受。

十九大召开期间，工人日报社微博推送了本报记者拍摄的图片报道《9 张图，带你回顾上午十九大开幕的神圣时刻》，3 天之内点击量超过 3760 万人次，转发 2590 次，成为“现象级”报道。视频作品《为十九大打 CALL　在华外国人盛赞中国成就》获得 56 万人次点击观看；说唱歌曲《产业工人·超级工程·中国梦》，则以别具一格、时尚超酷的形式，生动诠释了中国产业工人的智慧与力量、自信与豪情，其视频微博点击量 105 万人次，共有 100 多家网络媒体转播转载。图表类作品以数据、图片、表格等形式，直观地展示党的十八大以来我国政治、经济、民生、文化等各方面的巨大变化。这些融媒体作品的广泛影响力，推动了十九大精神在职工群众中的深度传播。

二是聚焦十九大代表中的一线职工，讲述中国共产党来自人民、植根人民、服务人民的真实故事。让一线职工代表结合各自岗位、经历，谈感受、言体会、提见解，以质朴的语言引导广大职工深化对十九大精神的认识。

十九大召开期间，《工人日报》推出《一线职工代表心声》专栏，多位一线职工代表结合自己的工作实际，就促进农民工就业创业、培育大国工匠、推进智能制造、去产能中的职工安置等问题，提出自己的意见与建议。

随后开设的《十九大代表在基层》专栏，把镜头对准基层一线的十九大代表，反映了他们生动宣讲十九大精神，带领身边职工群众实践十九大精神、立足岗位建功立业、锐意进取争做新时代奋进者、搏击者的精神风貌。

三是精心组织、认真策划，做好“新时代新气象新作为”大型主题报道，力求写出信仰的味道，写出思想的力量，写出时代的旋律，写进人民的内心。本报编辑记者通过集中采访、蹲点调研、行进式采访等多种形式，进企业、进工地、进机关、进农村、进社区，穿越大江南北，展现各地、各级工会和职工群众用十九大精神武装头脑、指导实践、推动工作的新思想、新举措、新成效。《办证的“痛点”被治愈了》、《“像办学校一样办工厂”》、《“最多跑一次”这项改革，群众点赞了》、《胡同里的小燕子飞回来了》、《“吼几句秦腔心敞亮”》、《河南汤阴：千年古县“吹新风”》等报道，以鲜活的故事，展现出新时代的新气象、新作为。

二　大力弘扬劳模精神、工匠精神，用心讲好中国工人故事

党的十九大报告提出建设知识型、技能型、创新型劳动者大军，弘扬劳模精神和工匠精神，营造劳动光荣的社会风尚和精益求精的敬业风气。为此，工人日报社编委会明确要求讲好中国工人故事，以此推动全社会进一步弘扬劳模精神、劳动精神和工匠精神。

一是继续办好《身边的大国工匠》专栏，浓墨重彩推出一个个大国工匠，讲述他们在平凡的工作中创造不

平凡业绩的感人故事，引导广大职工弘扬工匠精神，在供给侧结构性改革、产业转型升级中释放劳动热情，焕发创造潜能，建设美好生活。《身边的大国工匠·最美职工》专栏，专题报道了中宣部、中央文明办和全国总工会向全社会发布的10名“最美职工”事迹，集中展现中国工人阶级的伟大品格，谱写新时代的劳动者之歌。工人日报新闻客户端、工人日报微信、中工网等新媒体也同时做了推送。

二是在《寻找最美一线职工》、《劳动光荣劳动圆梦·讲述劳模故事》等栏目中更加注重温度与深度，多侧面展示新时代中国工人的风貌，引导广大职工争做最美劳动者，以自己的劳动创造生动诠释“中国梦·劳动美”。工人日报客户端专门开设“劳模”频道，与报纸同步，推送了大量劳模的感人事迹。

三是在《新时代新气象新作为》专栏中全面展示中国工人的新作为。《奋战在热带无人区——中老铁路建设现场见闻》，以大量生动细节展现了参与中老铁路建设的中国工人群像；《“像办学校一样办工厂”》，展现了江阴产业工人队伍建设改革的新成绩；《一家西部传统企业的“一带一路”》，描述了普通工人心系“一带一路”、助力企业转型升级的积极作为。

三　团结动员亿万职工建功立业，用心讲好中国工会故事

当前，各级工会把学习宣传贯彻十九大精神作为第一堂党课、第一堂政治必修课，在学懂、弄通、做实上

下功夫，主动对标十九大提出的各项任务要求，以新时代的新作为努力开创工会工作新局面。为此，《工人日报》在学习贯彻党的十九大实践中，自觉聚焦工会新作为，用心讲好中国工会故事。

一是持续报道各级工会团结动员亿万职工为决胜全面建成小康社会、实现中华民族伟大复兴中国梦不懈奋斗的新作为。《工人日报》在一版显著位置先后刊发《背上行囊驻企蹲点——武汉市总工会开展“到职工中去”活动纪事》、《沉到一线去——长沙天心区总工会一线工作法记事》、《重心下到“桥头堡”——甘肃白银市乡镇街道“小三级”工会建设记事》、《职代会这样开，好着哩！——西安昆仑公司实行“两级职代会”制度见闻录》、《工会社工锻造记》等重头报道，牢牢把握为实现中华民族伟大复兴中国梦而奋斗这一工运事业时代主题，展现各级工会组织引导职工群众听党话、跟党走，激发广大职工主人翁精神，发挥工人阶级主力军作用的种种作为。《加快推进产业工人队伍建设改革》专栏，呈现各地工会打造有理想守信念、懂技术会创新、敢担当讲奉献的产业工人队伍的扎实行动。

二是重点报道工会改革创新的探索实践。《加强基层工会建设调研行》专栏，持续宣传各地基层工会在建机制、强功能、增实效等方面的种种作为；新近推出的《在职尽责·勇于担当——兼职工会主席履职写真》专栏，讲述了各地工会兼（挂）职副主席的履职故事；《陕西工会改革启动》、《上海推进“四位一体”经审监督体系建设》、《职工不满意什么，就改什么》等一批报道，反映了各地工会加强自身建设、增强活力、服务经济社会发展的新举措和新成效。

三是突出报道优秀工会干部典型。1月2日，元旦小长假后上班第一天，一场意外的车祸让贵州省遵义市总工会女干部徐梅倒在了扶贫路上。1月3日17时，工人日报新闻客户端、工人日报微博、中工网首发题为《贵州一工会干部扶贫路上发生车祸殉职年仅25岁》的消息。随后，《工人日报》在一版显著位置刊发通讯《零落成尘香如故》，讲述了这位年仅25岁的姑娘参与扶贫工作5个月来的一个个细节和感人瞬间，呈现了她“努力到无能为力，坚持到感动自己”的精神世界。朴实而又感人的报道，被120余家中央重点新闻媒体及网站、商业媒体转载，产生了很大的影响力。

（原载于《三项学习教育通讯》2018年第2期）

坚持正确导向　关注民生热点

党的十七大报告明确提出："必须在经济发展的基础上，更加注重社会建设，着力保障和改善民生，推进社会体制改革，扩大公共服务，完善社会管理，促进社会公平正义，努力使全体人民学有所教、劳有所得、病有所医、老有所养、住有所居，推动建设和谐社会。"在新的形势下，着力保障和改善民生引起了党和政府的高度重视；民生，也成为社会普遍关注的热点。

导向是新闻宣传的灵魂。把握正确导向，是对新闻宣传工作者的基本要求。对此，党的十七大报告明确："要积极发展新闻出版、广播影视、文学艺术事业，坚持正确导向，弘扬社会正气。"如今，关注民生无疑是党执政为民的执政理念在新时期新闻宣传工作中的体现，民生报道则成为新闻媒体当然的主流新闻。就业、社会保障、收入分配、教育、医疗、住房、安全生产、社会治安等，都被媒体自觉地纳入视野范围内予以关注，这是媒体的责任，同时也是自身扩大影响力、提升核心竞争力的需要。

民生报道从采访到编辑再到最后传播，其实整个过程不外乎两个方面：一是报道什么，这里面需要若干的判断；二是怎么报道，这里面又需要有若干的把握。其中贯穿始终的问题在于，如何增强舆论引导能力，不失时机地引导民生热点，抓住党和政府关注、广大群众关心的结合点、共鸣点、兴奋点，作为新闻报道的切入点和主要新闻价值取向，推动建设和谐社会。

一　强化四个方面的判断

这里所说的若干判断、把握，并不是关于内容或者事物的一种分类、归纳和分析，因为社会生活的领域这么多，社会生活也是丰富多彩、千变万化的，任何一种归纳可能都是挂一漏万的。那种试图把报道的领域归纳成若干方面，列举出若干可以报道的问题，给自己设定一个框框的做法不必要，也不明智，因为它不符合新闻规律。这里涉及的所有判断和把握，更多是属于思想方法的东西，属于新闻价值判断的一个方面，甚至在某些时候是一个重要的方面。

民生问题涉及面广，热点层出不穷。对待热点问题，一方面，我们不能回避，要发挥主观能动性，积极捕捉，勇于触及；另一方面，我们还要冷静思考，不头脑发热，不草率从事。关注民生热点，我们要始终着眼于统一思想、凝聚人心、解疑释惑、化解矛盾、弘扬正气、服务大局，报道应努力体现时代性、把握规律性、富于创造性。日常工作中，我们主要强化了以下四个方面。

1. 着眼于舆论引导自觉性和有效性的统一

胡锦涛总书记在年初全国宣传思想工作会议的重要讲话中强调："提高舆论引导能力，不仅需要显著增强把握正确导向的自觉性，而且需要显著提高舆论引导的有效性。”这一深刻论述，内涵丰富，有很强的指导性。

关注民生热点，发挥舆论的引导作用，实现自觉性和有效性的统一，需要我们既敢于引导，又善于引导，这对我们的政治素质和业务能力都提出了很高的要求。所有的报道背后都体现了一种倾向、一种观点，而看待一个事物又可能有多种观点、多种倾向，这就需要在实际工作中把握好自觉性和有效性这两大基本环节。那种预设观点、倾向，大肆炒作甚至制造所谓新闻的做法，远离了新闻的真实性原则，不仅不能正确引导热点问题，反而极可能误导社会舆论，导致反理性思潮的泛滥，从而造成不良的社会后果。现在不少报纸都强化了新闻评论，甚至都把它作为新闻版看待。这里面有许多因素，作为最有效率的文体之一，新闻评论契合了现代人的需求，它可以不再是仅包含单一的信息，而是多种信息，可以不再是一种观点，而是多种观点。因此，我们十分注意运用包括新闻评论在内的诸多形式，正确引导民生热点问题。

2. 着眼于报道的结构平衡

这里所说的平衡，指的是报道内容的平衡，即对民生热点问题所涉及的领域、层次、侧面、观点等，报道时应全面把握，准确反映。虽然单一的某篇报道可能会有所侧重，但整体而言不可忽视其他领域、层次、侧面、观点，唯其如此，才能在关注民生热点的同时，抓住问题的本质，推动民生问题的有效解决。

实践中我们注意到，结构性失衡的问题是较为普遍的。翻开报纸我们不难发现，来自决策层的涉及民生的新闻数量非常多，规模大，非常突出，与此同时，落点新闻相对少得多，即政策在基层落实情况的报道明显偏少。不仅如此，在过去较长一段时间内，国计与民生似乎一开始就被人为割裂开来，分属两个不同的报道领域。其实，国计与民生从来都是联系在一起的。关注民生，必须做到心系国计；报道国计，着眼点也在于民生。任何一方面的缺失都可能导致整个报纸结构的缺失，影响新闻报道的平衡。解决这个问题，就目前来看首先应该拓展整合报道的领域，即从国计角度观照民生，从民生角度反映国计，把两者从内容到形式都有机统一起来。

3. 着眼于提升新闻的品质

老百姓过日子，无非衣食住行、柴米油盐，但这并不意味着，零敲碎打、家长里短式的报道，才算是关注民生；更不意味着媒体可以置社会责任、道德责任于不顾，一味商业化甚至媚俗化。相反，民生报道应该具有更高的品质。我们把老百姓的身边事自觉纳入视野的同时，始终面临新闻价值的提升问题。

这当然是一个很大的问题。不仅民生报道如此，其他所有报道亦是如此。它与媒体对自身角色定位有关，更与媒体对自身责任的认识密切相关。实践中，我们注意不断强化这种认识，并在操作上以丰富报道层次为重点，提出既要关注“高端新闻”，也要关注“低端新闻”，力求准确把握，正确引导民生热点。这里所说的报道层次，指的是不仅要报道好民生事件、事实，同时还要探究其成因，为读者提供更多的背景、解读；不仅要报道好事关民生的大政方针，还应该探究其背后的决策过程、施政行为的原因等。

4. 着眼于展现热点问题的不同侧面

同样一个事物，换一个角度看可能不完全是这种形态，有时候甚至会是一种相反的形态。现在的主要问题常常表现为思维简单，只看到事物的一个方面、一个侧面，而有意无意地忽视了其他方面、其他侧面，结果在一味肯定赞扬或否定批评的同时，陷入质疑声中。

我们看一个事物，要从多侧面、多角度考量，要重视展现不同的侧面。关注民生热点，切忌以个体性的立场取代整体性的思维。对于全社会普遍关心的难点问题的审视，既要有微观的视角，更要有宏观的把握；既要有对事实、事件的具体描述，更要有大局意识、责任意识。

所以，关注民生，正确引导民生热点，应当先要解决好这些问题。因为新闻媒体的职责和特点要求我们必须高度重视民生报道，而这又是由民生报道的重要性和与公众的关联性所决定的。

二　把握热点问题的本质

民生热点引导工作政策性、原则性、艺术性强，因此，新闻媒体要牢固树立政治意识、大局意识、责任意识，着力提高政治敏锐性和政治鉴别力，抓问题，而不是简单摆现象，正确把握热点问题的本质，深入分析对现实工作和社会的影响。

适时适度，指的是在时间掌握上更主动、更及时，在内容把握上更准确、更平稳，在引导方式上更灵活、更生动。其中更重要的一点是，正确看待本质与现象的关系。

事实上，我们发现为数不少的报道不是在抓问题，或者说没有抓问题的意识，更多的是一种摆现象。例如贫困问题，就中国的现状而言，任何一条繁华街道的背后，都可能还有贫困的人群、贫困的角落，如果要摆这种贫困的现象，闭着眼都能找到，三天三夜也摆不完。前年底《工人日报》刊发了《把农民工维权成本降下来》一组6篇系列报道，获得了方方面面的好评。其实，这组报道最大的亮点不是别的，而是它抓问题，抓住了问题，抓准了问题。平常工作中，类似的策划是极易停留于摆现象的。找几个人开个会，然后分头下去，随便找个工地跟几个农民工聊一聊，都能找到这样的材料。而且，从单篇来看，有些故事也可能很曲折，文字好点的话，也是很有感染力的。但把所有的报道放在一起，问题可能就出现了：这些故事到底要告诉人们什么呢？充其量，它只能告诉我们一件事，农民工维权成本居高不下！而当“农民工维权成本居高不下”成为一种普遍现象的时候，它就只是一种现象，而不应该成为新闻。此时此刻读者想要知道的是，农民工维权成本为什么居高不下？其背后的原因是需要我们探讨的。这组报道就是因为抓住了这个问题层层剖析：《总觉得自己有赢的希望——农民工闫成全在讨薪的日子里》、《这笔账不能不算——农民工法律援助律师眼中的维权成本》、《快慢不是主观上能决定的——法官眼里的农民工维权难点和困扰》、《很多时候我们也力不从心——劳动监察和执法者面临的苦恼与尴尬》、《完善和落实政策法规是关键——农民工维权成本居高不下对策探寻》、《不只是打得起官司的问题——构建低成本农民工维权体系的现实思考》6个标题本身就很说明问题。报道见报后，引起了有关方面的高度重视。

那么，什么样的民生报道能上重要位置？我们认为，一篇优秀的报道，至少要具备以下三个特征：一、题材重大，导向正确，时机恰当，反映的是当下人们普遍关注的重大的、带有全局性的、前沿的甚至是敏感的民生问题；二、新闻要素齐全，有基本的事实，或者本身就是一个事件；三、思想性，报道本身体现了对问题认识和把握的高度，这是最重要的。

三　突出新闻性和贴近性

内容为王，意味着我们的报纸必须始终强调新闻性和贴近性，我们的报道必须不断增强可读性、扩大信息量。关注民生，引导热点问题，同样也要服从于这个“硬道理”。实际工作中，我们针对较为普遍的一些问题，明确提出要努力变工作报道为抓新闻。

这里有两层意思，第一，变工作报道为抓新闻，包含对新闻本质的尊重和把握。有人说新闻的本质是事件，也有人说新闻的本质是信息，无论哪种说法，都说明“工作日志”不应该成为媒体的常态。《工人日报》此前曾刊发过一篇报道，内容是一对打工夫妇在外地遇到了黑心老板，老板不光打骂他们、不发工资，还扣压了他们所有的东西、证件，他们最终逃出来了，可是身无分文、举目无亲，身上就剩下一个工会会员证。于是，他们抱着试试看的想法找到了当地的工会组织，工会组织热情接待了他们，给他们食物给他们买了车票，还资助了路费，最终他们回到了家乡，用他们自己的话说，是工会会员证帮助了他们逃生。而他们回去后做的第一件事是，补交了自己拖欠的会费。在这一事实的教育下，该村所有外出打工的人都加入了工会。可以说，这个报道是一个标准的事件新闻，正因为抓事件，类似的报道就有好的传播效果。

第二，即便是工作报道，也要努力挖掘有效信息，讲求针对性，努力还原事实。出于众所周知的原因，目前媒体上完全没有工作报道怕是做不到的，而更重要的是，工作报道本身也包含许多有效的信息，因为各级党政的工作重点，必然是群众关心的热点、难点、焦点。那种认为抓新闻就是少写或不写会议性、工作性、成就性、典型性报道的看法，至少是不全面的。从媒体的情况看，目前来自决策层的与民生相关的报道数量是多的，版面是突出的，规模也大。而与此同时，基层的、落点的报道不仅数量相对少，更大的问题在于，两者之间是隔离的——决策新闻是决策新闻，放在重要位置；与此密切相关的落点新闻，则往往被安排在其他版块，显得琐碎、不成规模。因此，在实现途径上要不断加以改进。

应当帮助群众理解宏观的、上层的事关民生的信息，形式上体现贴近性。宏观的、上层的信息，因为离老百姓比较远，加上长期以来我们报道上形成的僵化模式，容易使人厌倦，这就要求我们不能把这些东西简单地搬过去，而要通过我们的报道融化到他们的心中。这里面更多地强调生动活泼、形式创新，强调贴近性、服务性的问题。

贴近实际，贴近生活，贴近群众，体现了马克思主义的新闻观和方法论。提升媒体对于包括民生热点在内的舆论引导能力，需要新闻工作者用心体会、用心把握、用心实践这一重要原则。

（原载于《实践与思考》2008 年第 4 期）

尊重新闻规律　打造融媒精品

——在工人日报社融媒优秀作品研讨会上的讲话

刚才三位主任分别做了很好的发言，因为时间关系，没有完全展开，我们以后可以再找时间或者以另外的方式进行交流。

借这个机会，我想就我们《工人日报》的媒体融合以及融媒产品的采集、生产、推送等有关问题讲三点意见。其中第一点和第三点我不展开讲，重点讲第二个方面。

一　任何一个平台、渠道推送的内容，都必须坚持正确的政治方向、舆论导向和价值取向

这是一条不能触碰的红线，抖音、微信、微博等都不可以降低标准。工人日报社新媒体的所有平台、渠道推送的内容，都应该按照这个标准，一体管理，一个标准，严格把关。这一点请大家高度重视，确保不出导向问题。

二　我们的媒体融合，必须尊重新闻规律，按新闻规律办事

我们说尊重规律，按规律办事，首先得认识规律，

掌握规律，然后才能按照规律去办。

刚才金海说了，我们通过抖音推送的这条“爆款”[①]不能包含那么多新闻要素，多了就没人看。这是不是规律？是不是人家都这么干？是不是人家都已经掌握了规律？这些问题我认为都可以讨论。

我们为什么要搞这两个融媒项目的试点？先说《工人日报e网评》栏目，如果《工人日报e网评》栏目的评论跟我们纸媒的评论一模一样，写了就登在报纸上，最多在网上一转，往手机上一推，你的工作就完成了，这是一种做法；短视频栏目《新360行》也一样，拍完了，报纸上先登几张照片，然后往客户端一推，也就完事了。但是，这样做肯定不行，因为我们今天所处的互联网时代，传播环境、传播生态决定了如果那样简单做的话，这两个品牌就完了。如果我们仅仅把以前一直这样写的东西平移到网上去，肯定不能产生好的效果。

怎么样才能产生好的效果？有什么样的一些东西需要我们认真去思考、去把握，甚至要上升到规律这个高度来认识？这就是需要进行试点的地方。

我们说要尊重新闻规律，按新闻规律办事，我认为要强调两点。

第一，要强化新闻价值判断，提高新闻价值判断水平。

---

① 2019年9月15日，工人日报社抖音账号发布的《武汉杨泗港快速通道青菱段跨铁路斜拉桥成功转体》视频，时长15秒，播放量1.6亿人次，点赞量突破500万人次，评论量达10万人次。

这个问题我们说了很多年，那么到底有什么样的价值要素呢？一般来说，新闻价值判断的价值要素，包括重要性、显著性，还有时新性、娱乐性、趣味性、接近性等，这些都是我们进行新闻价值判断的一些重要因素。

但是，请大家注意，纸媒时代和互联网时代，尤其是移动互联网时代，每一个价值要素在每一个个体中的赋值，是不一样的。在纸媒时代，我们更多强调的是重要性、显著性——我认为这个东西重要、显著，就把它放在一版，放在头条，就这么简单，因为那是一个我写你看、我说你听的时代，信息的发布权掌握在媒体的手里。但是今天不一样了，现在人人都有麦克风，人人都可以发言，这时候，一条新闻的趣味性、接近性，对于其中的一些人来讲，可能要优于它的重要性，优于它的显著性。为什么一次我们认为很重要的会议人家不看，却去围观一场车祸？为什么我们挖空心思抓维护职工合法权益、跟职工切身利益有关系的内容，关注的人不多，相反，一个小姐姐煲了一个养生汤，一伙人却在那里拼命点赞？是我们的水平问题吗？不是的！是价值观问题吗？我认为也不是。怎么判断一条内容的价值，在这时候发生了很大的变化。我们还按照以前纸媒的做法和认识，只强调重要性和显著性，就行不通了。

那么，我们是不是就可以不管重要性、显著性，只看重趣味性、娱乐性、接近性，甚至去迎合我们的用户呢？当然不是。如果这样的话，我们就没有存在的意义和必要了。

正是基于这两者之间的考虑，所以我们要抓这些试点项目，通过这些试点项目，确立我们的一些思维、一些理念、一些模式。

我们当然不能放弃对于重要性、显著性的追求，但是重要性、显著性要找到与用户趣味性、接近性的交会点，找到角度和切口，让我们的用户在趣味性和接近性当中接受我们提供的这种重要性和显著性，也就是提供的这种价值判断。

大家仔细去理解，一定是这样的。比如说我们融媒体中心，现在那么多平台、渠道，为了点击量，我们就一味地迎合用户，哪个有人看我们做哪个，这行吗？不行。你推送的所有东西，首先应该是新闻，而且应该是重要新闻。

比如说《工人日报 e 网评》栏目，如果说现在仍有什么不足的地方，其中一点就是一些选题有一种软化的倾向。说白了就是趣味性、接近性比较强，认为这样就有人看。我不否认在某些时候一场车祸、一次互怼、一句情绪性的话，确实能够引起人家关注。可是作为一家媒体，如果长期在重要问题上、显著问题上没有声音、没有反应，那么你最终剩下的无非就是在种种吐槽里头多了一声而已，你不能体现你的价值和位置。所以，在重要的问题上，在敏感的问题上，我们不能不发言，我们不能失声，关键是这些重要问题，怎样跟我们职工的利益和关注点联系起来，找到切入点，这才是我们追求的正道。

再如我们的短视频栏目《新 360 行》，同样是这个问题。这个栏目本身应当是讲述一个故事，讲述劳动者的故事，是彰显劳动的价值，褒扬劳动。如果仅仅是对一些新兴工作、工种的猎奇，并把这个当成我们追求的目标，就可能走入歧途，甚至出问题。

所以，关于新闻价值判断，正确的做法还是要贯彻重要性、显著性原则，同时要关注互联网传播时代用户的趣味性、娱乐性、接近性，找到结合点，做好我们的内容，做好我们的融媒实践工作。

第二，我们要在编、采、策、发各个环节强化新闻操作。

我感觉，我们好多放到网上去的东西，生产的融媒产品，缺乏新闻性，不像是新闻专业人做出来的。比如说我们的一些重大活动视频采访，基本上有个套路，首先晒一晒活动单位给我们准备的材料包都有什么，然后探班、探营。中国国际进口博览会（简称进博会）的报道，直播栏目不错，拍了很多美食，大家喜欢看。可是，我们从更高的要求来看，它的新闻性在什么地方？如果一个纸媒的记者，采访进博会写了七八个国家的美食，往哪儿登呢？能上一版吗？能上头条吗？肯定做不到。它背后的新闻在哪里？没有拎出来。我们的融媒作品里头，这样的现象还较为普遍。而事实上，新媒体如果总停留在这个水平，要求就太低了。当然，做新闻性强的融媒产品有难度。正因为有难度，我们才要努力；正因为有难度，我们才要探索、要试点；正因为有难度，我们才不能放弃专业人的坚守。

我们的优势在什么地方？我们的优势不仅在于我们是一家有 70 年历史的老报纸，更在于我们在座的这些人是吃新闻饭的专业的人。在今天这个互联网时代，信息不是太少，而是太多了，信息过载了。在信息过载、信息同质化普遍存在的网络时代，需要我们专业的新闻人站出来，帮大家理清思路，引导舆论。这个时候我们新闻专业主义的坚守，比以往任何时候都显得更加重要。

我们所有的从业者在采编的所有环节都要强化新闻性。刚才有个例子说，一位部主任拿着一个 4 分钟的视频，找到融媒体中心，希望剪辑一下，弄成抖音，结果是干不了，被拒绝了。这个例子其实非常说明问题。从 4 分钟到 30 秒再到 15 秒，不是一个简单的时长问题，它的背后实际上是我们一种叙事方式的变化。给你 4 分钟，你怎么讲一个故事？给你 30 秒，你怎么讲？给你 15 秒，你又怎么来讲？我们需要研究、探索，要学会掌握里头的一些技巧、窍门。说到底就是要回到新闻规律，按照新闻规律的方式进行操作。

三　要强化特色，发挥优势

这个问题可以从两个方面来看。第一，《工人日报》的特色、优势就是“工”字。我们要围绕工会、工人、工厂来形成特色，形成品牌，形成优势。融媒体中心的同志曾经多次介绍过，只要我们的微信推送的内容与职工利益有关，如养老金、加班费等，传播效果就很好。我想说的是，这个正是我们的优势。如果我们能够把“三工”的报道做成权威报道，在今天的传播环境下，我们就立得住。第二个优势，我们还要有产品意识，努力形成产品优势。以往我们说得更多的都是内容这一块，更多强调精神层面的一种价值，这没有错。但是在今天的互联网时代，我们所说的内容，不仅包含精神层面的价值，还强调其市场属性的价值，它是一个完整的体系。如果不这么考虑问题的话，我们可能就会出问题。

具体到工人日报客户端，如果仅仅是一个资讯平台，一个新闻平台，只是在内容方面线性扩张，可能很难走出困境。我们可不可以是一个服务平台？可不可以是一个工作平台？能不能在某些程度上，还是一个社交平台？如果我们把这些东西定位于一个产品，同时兼具其他的一些价值属性的话，这个 App 就有意思了。

比如，报社最近组织的“最班组”全国短视频大赛，几天时间投票人次就达到 1700 万（到活动结束的 11 月 22 日，投票人次已经超过 5300 万）。这个活动一开始并不是从内容生产角度来切入的，原本就是想组织个活动，发展一下 App 用户，扩大一下《工人日报》的影响。但是无心插柳柳成荫，这个活动不仅投票量创造了《工人日报》历史上的一个纪录，从 9 月份启动到现在，两个月时间，我们还征集到了 600 多个视频。那么，请问这是不是内容？这就是我们需要的内容。这个活动的方式和过程，已经超越了内容本身精神层面的价值，其产品特点体现的市场价值很有意思，这个平台一旦出来之后，可能很多企业有兴趣，后面很多工作就能够进行下去。

“最班组”短视频大赛这个方式，“三工”视频是不是可以借鉴一下？“三工”视频很难，难在没人拍，拍不出来，缺乏更多内容。如果你两个月就有 600 个“新

360 行”视频在手里，那会是什么情况呢？所以，关键在于思路、在于理念、在于模式。在这个问题上，我们真的要创新，要思想解放。

（本文根据录音整理，原载于《实践与思考》2019 年第 11 期）

坚守新闻理想　坚信新闻职业的价值

当前，互联网正在媒体领域催发一场前所未有的变革，给传统媒体带来巨大冲击。这些年唱衰传统媒体的论调很多，我们必须要认清这一严峻形势，在挑战中寻找机遇，坚守新闻理想，坚信报纸的生命力，坚信新闻的力量，坚信新闻职业的价值。

一　把精致大报的各项要求落细落小落实

1. 不忘初衷，坚定信心，把报纸办得更好

坚持办一张“导向正确、中央满意、工会欢迎、职工爱看”的精致大报，与其说是一个目标，不如说是一种追求、一个过程。抓事件抓新闻、提升报道水平永远在路上，精致大报始终将体现为一种追求一种努力，精致大报不可能一劳永逸。

精致大报体现了对内容的要求，为此，我们将着力于目标对象的精准化，着力于采编队伍的精干化，从而形成有力支撑，把精致大报的各项要求落细落小落实。

正是对报道内容的挑剔，成就了报纸的权威性，因此必须把内容建设摆在更加突出的位置。要坚持“厚题薄文”，坚持讲故事重导向、做深度；要抢抓第一落

点，同时要抓好第二落点、第三落点。倡导和鼓励一切有利于内容提升的改革创新，不为改版而改版，各部门、各版面围绕内容建设选择侧重点，以局部突破带动整体求变求新。报道内容上更加注重均衡性，实现方式上注重版面引导、注重采编互动、多媒体联动，特别是要探索打破部门界限、合理配置资源的做法。要继续做好工会报道，提升报道水平，追求劳动关系领域报道的权威性，讲好中国工会故事；要研究企业报道，重视做好企业报道，培养更多懂企业懂经济的专家型人才。

一分部署，九分落实。善于把思想、理念、原则转化为过程和方法，在解决好“说什么”之后，紧紧围绕“怎么说”这个问题抓落实重操作。既要对大众，也要注意对分众；既要说故事，也要说概念；既要有新闻，也要有评论；既要讲激情，也要讲平实；既要做实老媒体，也要做好新媒体。

2. 过好互联网这一关

首先，要转变观念，自觉转型，确立互联网思维。互联网颠覆一切，如果我们还沿用一成不变的传播范式、生产流程、议题设置、话语体系、表达方式、技术手段、效果反馈，必然很难跟上时代发展的节拍。其次，在办好移动客户端、微博、微信等新媒体的同时，探索流程再造、机制体制创新，推动融合发展由相“加”向相“融”阶段转变。确立以用户为中心的指导思想，积极探索新媒体考核评价机制，努力打造各具特色的融合产品和新媒体品牌。

3. 媒体竞争关键是人才竞争，媒体优势核心是人才优势

坚持政治家办报，讲政治、强党性、敢担当；深化马克思主义新闻观教育，分级分类开展全员培训，引导编辑记者树立正确新闻理念和价值观念；严明管理要求，进一步营造探讨业务、研究问题、风清气正的工作环境。

要采取多种措施、构建更多平台。加强学习培训、业务练兵，坚持每周一的评报制度，努力把它办成“新闻实务大讲堂”；在重大策划、重大报道中，推动老带新、师带徒成为常态；要创造条件，让年轻同志能够有更多机会到基层一线接地气、察实情，锤炼脚力、眼力、脑力、笔力，从而更快成长进步。

二　优质内容是媒体的立身之本

1. 关于技术

技术是融合发展的重要推动力，也是媒体亟待补齐的短板。推动媒体深度融合，必须以先进技术为支撑，用最好、最新的技术提升采编能力，拓宽传播领域。

这几年，传媒行业见证了各种炫目的新技术试验。在打造平台的过程中，报业也将新技术不断应用于内容生产和传播。但是，事实证明，技术恰恰是传统媒体的软肋。人所皆知的“两微一端”，既有平台短板，也有技术短板。没有一个强大的技术团队，当开发与更新受制于技术外包之时，从发展的眼光来看，这是“一颗地雷”，随时可能发生安全问题，“技术驱动”、“数据导向”等无从谈起，所谓的整合内容资源、提升信息传播

的效率和稳定性、增强信息呈现的质量和冲击力也会是一句空话。

因此，我们必须接受新的竞争的特点，紧盯新技术前沿，重视产品改进和技术开发，从现在起努力构建自己的技术平台和技术支撑。这样的做法，与其说是把技术看作一种威胁，不如说是将其视为一种机会。

2. 关于内容

不管怎么转型，媒体和媒体人绝不能放弃内容生产，对此人们已经有越来越多的共识。

毫无疑问，内容需要技术、平台、渠道的支撑，但内容是最为基础的，优质内容是媒体的立身之本。这几年，无论是技术与内容之争，还是对“内容为王”的质疑和动摇，其原因是多方面的。例如，目前媒体所生产的内容还不够优质，特别是还不具备变现的能力；还有，现阶段也欠缺很好的体系来保护和体现内容的价值；等等。

此外，还有以下两个方面需要引起我们足够的重视。

一是今天的内容已经或正在被重新定义，因此，内容产业也需要重新定义，需要预置技术，植入市场，考虑分发，追随用户，等等。对于我们来说，这意味着，内容已不仅仅是新闻，也不仅仅是思想、情感、文化、浏览或沉浸，而是诸多元素的混合体。

二是就新闻产品而言，我们也不能停留于传统报纸上的那些文字、图片、颜色，停留于固化的形态，相反，要创新表达、丰富形式。尤其是要强化移动优先、创新移动新闻产品，例如直播新闻、互动新闻、个性新闻、可视化新闻、动新闻、听新闻、大数据新闻等。

3. 关于中央厨房以及目前的主要操作

中央厨房就是融媒体中心。建设中央厨房，一要搞清楚中央厨房是什么，这涉及其功能定位问题；二要搞清楚怎么建，这涉及其硬件、软件配置问题；三要搞清楚怎么用，这涉及日常运行机制问题。

我们需要统一思想、加深认识的是，推进媒体深度融合，中央厨房是标配，是龙头工程，但这并不意味着只是建设一个空间平台意义上的中央厨房就万事大吉。如果没有机制创新、流程再造，我们就没有办法解决内部如何打通的问题，就没有办法实现内容形态从纸到互联网形态的转型。一句话，没有改革创新为基础的中央厨房建设是没有价值的。

从兄弟单位的经验来看，中央厨房首要的是总编调度中心、采编联动平台这样的协作、指挥机制，也就是常说的“龙头”和“标配”，这部分的建设，并不是资金和技术的问题，主要是内部机制、流程的改革。然后，才是一套全新的技术支撑体系，最后是一个空间平台。其中，空间大厅的概念恰恰不是最重要的。

有鉴于此，探索形成一套新的运行机制迫在眉睫。这样的探索应当与中央厨房的建设同步进行。在现有部门、现有体制不变的情况下，可以按照中央厨房的功能定位，以“融媒体工作室”、“项目制”的形式，不断探索全媒体运行的总编协调机制、部门沟通机制、岗位值班机制、采前策划机制、线索通报机制、效果反馈机制等，从而实现内部机制打通、内容形式转型的目标。

我们要清醒地看到，推动媒体融合发展，是一项战略任务、系统工程。推动媒体融合发展，必须顺应移动化大趋势，强化移动优先意识。我们应居安思危、求新图变，不断克服动力不足的问题，不断解决工作主动性、积极性不够的问题。尤其是，必须在不断完善考评机制的基础上，着力推动现有人员融合转型，着力抓好后备人才储备管理，着力完善人才激励机制。

三　按新闻规律办事，努力实现新闻本质的回归

推进媒体融合发展，必须按新闻规律办事，努力实现新闻本质的回归。我们今天所从事的新闻工作，是一门规律性很强的科学，尤其在媒体融合发展的背景下，充分认识规律、把握规律、遵循规律，才能使我们的报道在社会舆论中抢占先机、发挥最大效用。

坚持内容为王，把内容建设摆在更加突出的位置，如今已经成为越来越多新闻人的共识。过去一段时间里，我们坚持新闻价值判断，坚持讲故事重导向、做深度，以局部突破带动整体求变求新，取得了一定的成效。

媒体融合背景下，有许多令人费解的现象，有许多让人意想不到的传播路径和结果。正因如此，我们应当认识到，我们对互联网的传播规律确实还知之甚少，需要花大力气不断探索研究。

而从另一方面看，一些最基本的传播规律似乎并未被颠覆，甚至从某种意义上讲，它们更应该被强调，更应该得到尊重。例如讲真话产生公信力，报道热点产生影响力，正确处理正面宣传与舆论监督的关系，正确把

握报道的时效问题，等等。这些规律，在纸媒时代有效，在新媒体时代同样很重要。

必须深刻反思的是，我们的主流媒体在尊重新闻传播规律方面，即便在过去的纸媒时代，一直就做得不够好。远离热点，回避矛盾，僵硬乏味，千篇一律，言之无物，面目可憎，尽管我们始终在强调、在检讨，但这些问题始终程度不同地存在，只不过在纸媒时代，由于读者别无选择，这些问题长期存在却没有充分显现。而在新媒体环境下，这些问题一下子暴露无遗，而且影响到了自身的生死存亡。因此，我们要增强话语权、提升影响力，一个重要的着力点，就是要在社会关注的热点问题上、在涉及“三工”的重大问题上、在职工群众的合法权益上，不回避、不躲闪、讲真话，打造一批有思想、有温度、有品质的原创精品。这也是我们办出特色、体现优势的题中应有之义。

尊重新闻规律，把内容建设摆在更加突出的位置，还必然包含不断改进文风的要求。文风问题不是一个小问题。改文风不仅要解决新闻报道的语言、篇章、版式、栏目等表面问题，还应着力解决关乎内容建设的新闻生产制度、流程、评价标准等问题，其背后是新闻舆论工作者的作风和素养问题。我们的报道能否少一些结论和概念、多一些事实和分析，能否少一些空泛说教、多一些真情实感，能否少一些抽象道理、多一些鲜活事例，光靠“写”是不够的，其前提是要有扎实的采访作风。也就是说，在写作的前置环节，包括个体实施和系统运作两个方面，操作必须明晰、具体、系统、到位。目前，我们的工作报道依然占据了很大版面，这是因为工作报道本身包含许多有效的信息，因为各级党政、工会的工作重点，必然是群众关心的热点、难点、焦点。那种认为抓新闻就是少写或不写会议性、工作性、典型性报道的看法，至少是不全面的。关键是，我们的报道是否能够充分挖掘有效信息，讲求针对性，努力还原事实，而不是相反。那种摘摘文件抄抄讲话、生搬概念堆砌数字、缺乏准确解读缺乏深刻分析的报道，放到哪个平台、渠道，都是不会有人关注的，也是很难谈得上影响的。今天我们推进媒体融合发展，如果在策、采、编、发几个环节可以实现流程的优化，更强调交互性，更尊重受众需求，内容结构、话语方式就会更贴近群众、贴近实际、贴近民生。这也启示我们，推进媒体融合发展的过程，本身就是不断改进文风的过程。

传统媒体和新兴媒体不是简单的此消彼长的关系，在一定条件下可以相得益彰、携手共进。融合发展关键在融为一体、合而为一。要尽快从“相加”阶段迈向“相融”阶段，从“你是你、我是我”变成“你中有我、我中有你”，进而变成“你就是我、我就是你”。经过几年的努力，报社在推进融合发展方面积累了一定的经验，取得了一定的成效。但同时我们更应该看到，与许多传统媒体一样，我们还面临不少困难和挑战，困局待破，难题待解。例如，作为传统媒体所办的新媒体，是继承自身原有的特色、扩展其影响力和公信力，还是另立门户、重起炉灶？再如，“一次采集、多层分发、多种产品”的融合路径是否可行？在技术引领变革成为潮流的时代，技术驱动之路如何经济、高效、可持续？各类人才资源的管理如何融合？从业者自身的角色如何融合？所有这些，都需要我们始终尊重新闻规律，需要我们充分发挥主动性、积极性、创造性，需要我们用实践作答。

四　找准定位，强化特色，加快推进媒体深度融合发展

当前，媒体格局、舆论生态、受众对象、传播技术都在发生深刻变化，传统主流媒体面临影响力弱化、发展支撑力弱化、舆论引导力弱化的严峻现实。主流媒体融合已经进入下半场，这种融合的跨界性、革命性和颠覆性，有可能超出我们的想象。我们要清醒地认识到，我们必须通过流程优化、平台再造，实现各种媒介资源、生产要素有效整合，实现信息内容、技术应用、平台终端、管理手段共融互通，催化融合质变，放大一体效能，打造有影响力的融合传播平台。从目前情况看，我们报纸和网站的各渠道传播力排名还是不错的，但是在客户端、微信、微博、抖音等新媒体的传播力上，我们却仍有距离。可以说，我们自有客户端目前的下载量，与本报的地位和影响力是不匹配的。

找准自身定位，发挥资源优势，立足本领域本行业精耕细作，不断扩大品牌覆盖面和影响力，这是全媒体时代对我们加快推进媒体深度融合提出的要求，也是我们自身生存发展、图强求变的必由之路。因此，我们必须坚持正确的政治方向、舆论导向和价值取向，强化“三工”特色，努力做“三工”领域最专业、最权威的报道，

把报纸办得更好的同时，深刻认识推动媒体深度融合的重要性、紧迫性，把握媒体融合发展的趋势和规律，以改革创新精神推动媒体融合各项任务举措落到实处。

媒体融合发展是以技术创新为引领的变革。有关研究表明，新技术给新闻舆论工作带来的影响，既与技术自身发展规律密切相关，同时受多种社会因素制约，总体呈现内容和技术相互驱动、高度融合，机遇与挑战并存的趋势。以 5G 为代表的新技术将引发新闻生产、传播和呈现方式深刻变革。当然，新技术是一把双刃剑，它赋能新闻舆论工作的同时，也给新闻舆论工作带来挑战。

新技术为创新做好新闻舆论工作带来的契机表现在：一是“万物互联”将全面拓展传播领域；二是人工智能将大幅提升采编效率；三是全息沉浸式融合应用将不断丰富新闻产品形态；四是算法推荐将精准实现信息找人；五是技术输出将助力创新对外传播；六是大数据分析将显著增强引导能力。与此同时，新技术也给新闻舆论工作带来风险隐患，例如信息过载增加主流舆论引领难度，新兴商业平台成为信息传播重要渠道，技术滥用助长有害信息传播，等等。

对于新技术，我们要保持知悉的敏感、接纳的态度、运用的能力、管理的本领，处理好发展与安全、应用与管理、开放与自主的关系，确保新技术始终“为我所用、于我有利、以我为主、由我来管”。一是将新技术运用于新闻采集生产、分发、接收、反馈等环节，推动形成适应全媒体传播的新型组织架构和采编流程；二是制定新技术新应用战略规划，区分短期、中期和长期，大胆使用成熟技术，统筹规划先进技术，确保始终跟上新技术发展的节奏和步伐；三是在新技术条件下弘扬“开门办报”优良传统，发展壮大全媒体时代的通讯员队伍，吸引更多用户参与我们的内容生产和传播，扩大优质信息内容供给，把全媒体时代的通联部和群工部做大做强。

媒体融合发展是一项复杂的系统工程，也是一场划时代的变革与创新。我们要以逆水行舟的危机感、时不我待的紧迫感，推进深度融合，进一步增强互联网思维，坚持移动优先，实现整体转型。在现有部门、现有体制不变的情况下，我们正在探索形成一套新的运行机制和生产流程。各采编部门和编辑记者要打破部门界限，按职能定位、兴趣爱好、专业特长等组建融媒体工作室，重大事件、重大报道、重大策划按“项目制”办法实施运作。

之前，我们推出了原创评论品牌栏目《工人日报 e 网评》。它集聚了报社优秀评论作者资源，是报社深化媒体融合的有益实践。上线以来，《工人日报 e 网评》栏目针对当下的重大事件、热点问题积极回应社会关切，解疑惑，顺情绪，化矛盾，主动引导、深度引导、有效引导，目前已推出的一批作品产生了很好的传播效果，阅读量、点赞量、评论量不断增多，知名度、影响力持续扩大。最近，我们又实施了第二个融媒体品牌项目——短视频栏目《新 360 行》。

以数字移动通信技术的应用为基础，以互联网信息平台为依托，整合各种媒体传播的方式方法，更加重视社交媒体和自媒体，重视新闻生产的模式创新，重视用户参与、用户体验，扩大传统媒体内容的影响力，从而推动转型升级、提高“四力”。通过这些融媒体品牌项目的探索和实践，我们要不断强化全体编采人员对融合报道、融媒产品上述特征的认识和把握，不断整合资源、创新机制，在总结经验的基础上推出更多的融媒品牌，不断扩大品牌覆盖面和影响力。

（原载于《实践与思考》，本文有删节，标题为后加）

不忘初心，努力打造有品质的“三工”报道

习近平总书记在党的新闻舆论工作座谈会上强调，要尊重新闻传播规律，创新方法手段，切实提高党的新闻舆论传播力、引导力、影响力、公信力。

深入学习贯彻习近平总书记重要讲话精神，在新的形势下不断深化对新闻传播的规律性认识，继而尊重规律、遵循规律、按规律办事，是摆在我们面前的一个重大任务。《工人日报》作为一张立足“三工”、面向“三工”的报纸，必须主动承担职责使命，自觉服务职工、企业（工厂）、工会，深入基层、深入群众，推出更多有思想、有温度、有品质的作品。

一　坚持内容为王，把内容建设摆在更加突出的位置

习近平总书记的重要讲话，站得高、看得远、想得深、讲得透，既有很强的理论性、战略性，又有很强的针对性、指导性。在当前和今后一个时期，工人日报社正按照具体的落实方案，精心组织好讲话精神的学习研讨和集中培训，着力在学深学透上下功夫，用讲话精神引领新闻实践。

忠实履行职责使命，根本在于旗帜鲜明地坚持党性

原则，把坚定正确的政治方向摆在第一位。要弘扬主旋律、传播正能量，聚焦中国梦、中国道路、中国理论、中国制度、中国精神、中国力量；要增强吸引力、感染力，不断提高报道的质量和水平；要把握好时度效，切实提高舆论引导能力。要做好各项报道的长规划和短安排，突出重点，使《工人日报》真正成为组织职工、动员职工、引导职工的一面旗帜。

当前，互联网正在媒体领域催发一场前所未有的变革，给传统媒体带来巨大冲击。我们必须要认清这一严峻形势，在挑战中寻找机遇，坚守新闻理想，坚信报纸的生命力，坚信新闻的力量，坚信新闻职业的价值。坚持办一张“导向正确、中央满意、工会欢迎、职工爱看”的精致大报，我们将着力于目标对象的精准化，着力于采编队伍的精干化，从而形成有力支撑，把内容建设的各项要求落细落小落实。

在策、采、编、发各个环节，我们要坚持重导向、讲故事、做深度；要抢抓第一落点，同时要抓好第二落点、第三落点。倡导和鼓励一切有利于内容提升的改革创新，围绕内容建设选择侧重点，以局部突破带动整体求变求新。报道内容上更加注重均衡性，实现方式上注重版面引导，注重采编互动、多媒体联动，特别是要探索更多打破部门界限、合理配置资源的做法。要不断提升工会报道水平，追求劳动关系领域报道的权威性，讲好中国工会故事；要研究企业报道，做好企业报道，培养更多懂企业、懂经济的专家型人才。

以内容优势赢得发展优势，还要求我们必须善于把思想、理念、原则转化为过程和方法，在解决好“说什么”之后，紧紧围绕“怎么说”这个问题抓落实重操作。既要对大众，也要注意对分众；既要说故事，也要说概念；既要有新闻，也要有评论；既要讲激情，也要讲平实；既要做实老媒体，也要做好新媒体。

二 推进创新工程，充分发挥工会新闻宣传主阵地作用

新闻传播迫切需要创新，新闻传播也具备丰富多彩的创新条件。在舆论格局深刻调整、新闻业态快速迭代、传播渠道日新月异的今天，我们深刻认识到，只有创新，才能守好主阵地，才能唱响主旋律。因此，我们坚持以理念创新为先，坚持以内容创新为本，全方位推进机制、渠道、技术、人才创新。按照办出特色的要求，精心组织一系列重大主题宣传，大力弘扬劳动精神、劳模精神、工匠精神，围绕全国总工会的重点工作做好报道，反映工会组织的改革创新。

实际工作中，我们要求各采编部门、各记者站围绕理念、内容、体裁、形式、方法、手段、业态、体制、机制等方面，对本部门报道领域和职责进行梳理，对所负责编辑出版的版块进行研究，明确创新方向，力求有所突破，带动质量提升。

同时要求研究规律、加强策划，以内容创新、版式创新带动全流程创新，提升全体采编人员的创新意识、创新能力。

以内容创新为根本，意味着我们的报纸必须更加强

调新闻性和贴近性，我们的报道必须不断增强可读性、扩大信息量。我们针对以往报纸较为普遍的一些问题，明确提出要努力变工作报道为抓新闻，善于挖掘和讲述生动鲜活的故事。

变工作报道为抓新闻，包含对新闻本质的尊重和把握；即便是工作报道，也要努力挖掘有效信息，讲求针对性，努力还原事实。因此，必须不断改进创新，讲求实效。首先，把职工群众呼声作为第一信号，强化大众视野、百姓视角，直面问题、聚焦热点，更好地架起党和政府联系人民群众的桥梁。特别是要帮助职工群众理解宏观的、上层的信息，形式上体现贴近性。宏观的、上层的信息，因为离老百姓比较远，加上长期以来我们报道上形成的僵化模式，容易使人厌倦，这就要求我们不能把这些东西简单地搬过去，而要通过我们的报道融化到他们的心中。其次，必须讲故事，讲好中国故事。心到情到，个体叙事，勤走基层，是讲好中国故事的前提和基础。感动别人，先要感动自己。我们所说的故事大多是“挖掘性的”，需要对其新闻价值作出判断。那种听听汇报、拿点材料、蜻蜓点水式的采访，不仅可能偏离真实性原则，大多也很难让人感动；而对其新闻价值的判断，更需要在不断占有素材、不断追问、不断感动自己的过程中渐趋完整。好故事的亲和力和感染力，源自其本身的“美”，而“美”与“真”、“善”又是不可分割的。要注意避开刻板印象或成见，注重细节、关注过程，多用群众语言，要考虑读者的心理需要和信息需要，既不能狂轰滥炸，也不能零敲碎打。今年我们推出的

《改变 深圳工会“聚力计划”见闻录》一组报道，正是通过一个个具体的故事和细节，反映了职工群众的所思所想，反映了基层工会一点一滴的努力、思考和实践，因而取得了好的传播效果。

三 推进融合发展，担负起新闻舆论工作的职责和使命

当前，新媒体方兴未艾、后来居上，正成为重要的新闻舆论阵地。媒体融合发展的潮流已经把新闻传播事业推到了一个谁也不能故步自封、谁都必须适应变革的新阶段。忠实履行职责使命，必须深刻把握新闻传播规律和新媒体发展规律，既要把传统媒体的内容写作、人才队伍等优势向新媒体延伸，又要主动借助新媒体的传播优势，从“相加”到“相融”，完善体制机制，推动融合发展。

一方面，我们当不忘初心，坚定信心，把报纸办得更好；另一方面，我们还要充分运用新技术创新媒体传播方式，抢占制高点。我们将加速构建媒体方阵，包括报纸、网站、杂志、移动客户端、微博、微信等载体，努力形成立体传播、融合发展新格局，适应分众化、差异化传播趋势，构建服务职工的立体互联平台，最大限度地发挥报道的影响，延长和扩大其在服务各级工会、服务广大职工过程中的价值链，向职工群众提供多元化、个性化的服务。

互联网颠覆一切，如果我们还沿用一成不变的传播范式、生产流程、议题设置、话语体系、表达方式、技

术手段、效果反馈，必然很难跟上时代发展的节拍。因此，我们需要转变观念，自觉转型，确立互联网思维。我们必须抓住“融为一体、合而为一”这个关键，推动各种媒介资源、生产要素有效整合，探索流程再造，确立以用户为中心的指导思想，积极探索新媒体考核评价机制，努力打造各具特色的融合产品和新媒体品牌，朝着建设新型主流媒体的目标要求努力。

媒体竞争关键是人才竞争，媒体优势核心是人才优势。针对报社采编队伍年轻化的特点，我们还将采取多种措施，加强学习培训、业务练兵。例如坚持每周一的评报制度，努力把它办成“新闻实务大讲堂”；在重大策划、重大报道中，推动“老带新、师带徒”成为常态；等等。今年，我们制订出台了《工人日报社关于采编岗位人员赴地方记者站锻炼（试点）暂行办法》，让年轻同志能够有更多机会到基层一线接地气、察实情，锤炼脚力、眼力、脑力、笔力，从而更快地成长进步。

（原载于《三项学习教育通讯》2016 年第 9 期）

如果不能提供优质的内容，被淘汰的命运难以避免

——有关新闻业务答问

问：我们一直强调新闻摄影不能摆拍，同理，文字呢？在你文字采访的时候，不可能原文照录，后期肯定要加工，无形中要加入记者本人的判断（跟作者经历、水平有莫大关系，即使当事人的陈述，也可能因为遗忘而与事实有差别），这与我们平时所说的客观、真实如何调和（比如当事人内心的活动，记者对现场的还原，此类大量存在于通讯中）？如果与“真实”不符，是否可作“摆拍”处理？

答：你提的这个问题有点意思。

第一，关于新闻摄影不能摆拍的道理，建议请一些大师深入阐述，他们更有发言权。

第二，此“摆拍”与彼“摆拍”，我认为不一样。新闻照片的“摆拍”，是“事件”没有发生前预设的，它不是事物的本来面目，而是人为干预的结果。文字采访的时候，不可能原文照录，后期肯定要加工，无形中要加入记者本人的判断。也就是说，后者的情形应理解为事物是按其本来面目发展的，只不过因了作者的原因而失真或部分失真。我以为这应该叫“PS”。

第三，无论是“摆拍”还是“PS”，我们都应该坚决反对。

问：如何让编辑回归编辑本位，而不是忙于在网上寻找新闻“第二落点”？是要新闻还是要星稿？

今年，本报推荐的中国新闻奖消息类稿件落选，其中一个重要原因，就是该新闻并不是我报第一个报道的。而这篇从星稿到季度星稿到报社十佳好新闻一等奖再到推荐中国新闻奖的稿件，也恰恰是编辑通过网络获知，再向记者约的。所以，这样的结果，一点都不意外。

网络的发达，让编辑（包括记者）坐在屋里就知天下事。结果，在网上寻找新闻线索，再约记者写，就成为编辑工作的常态。编辑迷失了自己的本位，好稿子也编不出彩来。这也导致我们的报纸越来越不好看——你说的那点儿事，我早就知道了；你编的稿子不精彩，我看不下去。

但编辑又不得不这样做——记者的来稿有限，不约稿就不可能有星稿。显然，无论是部门，还是编辑个人，对星稿的渴望已远远大于对新闻的追求。好新闻，可能被评为星稿。但目前的星稿并不都是新闻，即便是重新包装后，它依旧不是新闻。长此以往，这张报纸的声誉，可就不好说了。如何解决这些矛盾，我一直很困惑。

问：我有两个问题。

第一个问题是关于策划的。我这里说的策划，是新闻策划，非主题先行的策划报道。在要闻部这么多年，有时很苦恼，很清楚新闻要独家、要做事件新闻，可是事件新闻我们又没有独家的线索来源，记者也没有得到第一手的线索，只能是通过网络获悉后找第二落点，由此经常被批评为“炒冷饭”。在现今纸媒的新闻时效性远远落后的情况下，工人日报社的编辑如何策划？

第二个问题是关于版式的。在相当多的都市报不画版直接做版、版式基本固定、靠内容取胜的今天，我们每晚还在为画版绞尽脑汁。我经常纳闷：单纯从读者的角度，有多少读者关心你的版式？读者关心的只是内容。请问什么样的版式算好看？本报的版式有没有什么固定标准？

问：我也有两个问题。

第一，报纸版式的整体风格有无必要、有无可能统一？市场类杂志请专职美编统一设计的做法有无可借鉴之处？如果新闻版与周刊之间确实难以统一风格，那么各新闻版之间是否可以相对统一？

第二，如何更好地追事件新闻？这几年来，每次轮到我当一版策划编辑时，总有同样的苦恼与困惑：许多事件性新闻的线索，当编辑从网上看到时已过了第一时间点，再打电话约各地站长写时，如果能找到第二落点还好，找不到第二落点往往就只能加点专家评论或并不重要的后续信息。这样做的结果，从版面内容来看是有利的——且不论最终能不能评为星稿，版面多一条事件新闻总比没有好。但对于本报在当地的影响力而言，也许起到了负面作用，因为总是跟在别人后边。所以，有时真的很迷茫：一些事件新闻本身很有新闻价值，但又确实缺少合适的第二落点，我们还追不追？在网络时代，我们有没有办法设立一个收集“原始线索”的平台？

答：以上几个问题相近并互有关联，我试着一并谈谈自己的思考和理解。

关于要新闻还是要星稿，提问者要的当然不会是这个问题的答案。我们都知道这个问题本身不需要讨论，因为既然能被评上星稿，它首先应当是新闻，甚至应当是好新闻，是精品新闻。提问者以这样一种方式发问，我理解讨论（抑或说是质疑）的是另外一个问题，即星稿的评选和质量问题，以及长此以往可能给报纸、版面、编辑、记者带来的影响。

一个要引起重视的问题是，三位要闻部的编辑不约而同地谈到了同样的苦恼和困惑，这说明苦恼和困惑具有了某种普遍性。因此我认为问题的提出有很强的针对性。他们日常工作中面临的问题，其实是我们共同的问题；他们的困惑，我感同身受，相信有更多的人也有类似的苦恼和困惑。在这种情况下，一些认识问题确实有必要进一步讨论，诸如编辑本位问题、网络时代纸媒编辑的角色定位和工作模式问题、新闻策划及其环节问题、编辑与记者的关系问题、对于新闻以及独家新闻的理解问题、新闻处理能力及相应的素养问题等这些认识问题不解决，操作中的苦恼和困惑就不可避免。我本人对这一系列问题尚缺乏理论层面的深入思考，只能将工作中的点滴体会提供如下，以就教于各位同仁，同时期待有人能写就网络时代的"报纸编辑学"。

思考一：传统意义上的报纸编辑只负责对记者来稿进行加工处理，简单讲包括导向把关、理顺文字、删繁就简、制作标题、版面体现等，一般情况下记者抓什么是什么、写什么是什么，编辑事先并不清楚。信息时代，这种工作模式显然难以适应报纸发展的需要。

思考二："独家新闻"的概念在不断发生变化。我们所说的"独家新闻"，不应仅仅是抢到了第一落点，同时意味着独家角度、独家解读、独家观点、独家评论、独家方法、独家整合、独家处理，等等。

思考三：从网上获取新闻线索，可能是"炒冷饭"，但也可以不是。关键点是这种"发现"有没有体现和传递自身的价值判断。也许可以换个角度看，有人说纸媒应当是信息过滤器，应当做有价值的信息、"奢侈的信息"，既然如此，从海量信息中过滤有效和重要的信息，便可以视为一种再发现、再捕捉。照搬照抄、人云亦云当然不在此列，后续的操作（首先是采访）不可或缺。进一步讲，如果一家媒体这种对某一事件、信息的判断本身也构成了新闻，那将是一个什么样的高度呢？

思考四：新闻策划有自身的规律性，编辑主导的模式并不是简单说个事、出个题，它要求编辑全程参与、编采互动。事实上它让编辑和记者都面临新的压力和挑战。

思考五：如果我们今天的版面确实还有大量"炒冷饭"的东西，如果其中的一些还被评为星稿，甚至使人"对星稿的渴望已远远大于对新闻的追求"，那么，这恰恰可能说明我们这种模式的转变还远没有实现，其艰难、复杂程度超乎想象。

思考六：关于版式，我的看法是，不能简单地把它看作一种形式。今天，我们更应把它作为新闻处理能力的一部分加以重视。业内曾有反思：我们每天都发出大量的新闻，但读者还说没有新闻，一定是我们的新闻处理能力出了问题。我理解这里所说的能力，首先指内容的，但同时包括方式、方法、手段的。

问：刘总，我有两个问题。

第一个问题：无论是从国际影响力还是从经济推动力上来看，体育赛事或者说体育本身都在社会中起着越来越重要的作用，但与此恰恰相反的是，在与同行的交流中，本人发现体育报道在一家媒体中始终处于不上不下、可有可无的尴尬地位（大部分媒体中均存在此种情况，甚至有些媒体中连体育部门都没有设立，或者与文化娱乐等部门合并），或许到了奥运会、世界杯等大赛时会有所改观。

同时，在日常工作中本人也发现，除了一些体育迷，体育版块的稿件难以得到认可（从星稿评定中可见一斑）。对于这样的情况，请您谈谈自己的看法。

第二个问题接上面的问题。在这样的情况下，《工人日报》作为一份历史悠久的大报，不但有自己的体育新闻部，而且在每日 8 个版面中（周日除外），每周四、六都有一整版的体育新闻，个人感觉实属难得。在网络等新媒体的冲击下，报纸的生存危机席卷全球，个人认为，在我国虽然像《工人日报》这样的机关报在相当长一段时间内还不至于破产倒闭，但仍然面临生存空间受到挤压的窘境。那么，体育新闻报道的出路在哪?《工人日报》体育新闻报道的出路又在哪儿?

答：关于体育新闻报道，我的看法如下。

其一，体育很重要，而且越来越重要。至于体育报道是否可有可无，是否重要，关键要看读者是否有需求。需求决定市场。

其二，按照马斯洛的观点，人的需求从低到高，依次是事关温饱的生理需要、安全的需要、爱与被爱的情感需要、尊严的需要及自我实现的需要。类似的观点还有不少。这就不难理解为什么“利率变化”、“个税调整”、“最严交规施行”等报道被人们认为重要，因为这直接关系到每个人的生存和利益，因为只有在这些需求被满足之后，才能顾及更高层次的需求。

其三，有鉴于此，作为从业者，努力让每一篇体育报道都变得重要起来，很不容易，也很有意义。

其四，关于体育新闻报道的出路和《工人日报》体育新闻报道的出路，这是一个很大的课题，需要我们一起共同用实践来回答。而可资借鉴的是，这么多年来《工人日报》的体育报道之所以在业内还有一定影响，之所以有一批忠实的读者，很大程度上是因为形成并坚持了自己的特色：一是体育评论，二是深度报道。

问：刘总，我有两个问题。

第一个问题：有人说，面对网络等新媒体的冲击，报纸要坚持“内容为王”，原创和深度才是立身之本。对此观点，您是否赞同？为什么？如果赞同，那么对于《工人日报》来讲，什么内容才是真正的“王”？如果不赞同，报纸如何才能避免成为新媒体的“稿仓”或者网络媒体的“跟屁虫”？

第二个问题：产经新闻部如何结合本报特色做好新闻报道，实现版面与产业的互动？

答：内容为王，是一个大道理。既然如此，我们赞成不赞成并不管用，因为它不以我们的意志为转移。

趋势也是如此。冲击之下，一张报纸如果不能提供优质的内容，其边缘化、被逐步淘汰的命运将很难避免，这只是个时间问题。其实对网络等新媒体而言，内容同样也是一个问题。网络本身只是一种技术手段、一个载体、一个平台、一种渠道，当技术达到一定程度之后，内容的获取就成为当务之急。很多人现在在讨论纸媒的消亡，我倒是认为，只要我们捕捉、发掘以及处理新闻的能力在，就没什么可怕的，因为新闻一定存在，对新闻的需求不会不存在。好比说，我们曾经用刀刻字，后来用毛笔、用钢笔写，如今用手敲，但不管怎么变，文字总是存在的；我们曾经把文章刻在竹简上，后来写在纸上，如今敲在电脑里，不管写在哪儿，“文章千古事”。变的是手段、形式和载体，文字和文章跨越千年。

这就回到了内容。对于一张报纸来讲，内容的生产和提供是一个系统工程，《工人日报》也是如此。什么内容才是真正的“王”？问题本身包含太多的枝杈，更何况是精神产品。所以，泛泛地、抽象地回答这个问题我认为并不明智，抱歉只能就此打住。

对产经新闻，我提个建议供参考，简言之叫“能屈能伸”。我所说的“伸”，是指站在更高的高度，不断扩大新闻报道的影响力。既然是媒体，不谈影响力是一件搞笑的事。一些报道只要看准了就可以好好做，这时候可以少些顾虑，做到位做出规模，影响力有了，自然有更多的人认同。我所说的“屈”，是指对一些企业的报道，需要俯下身去，真正知道老总想要什么、企业关注什么，说他们想说说不出的话，反映他们想解决没有解决的问题。我感觉产经新闻一段时间以来已经在做这方面的努力，所以与其说是建议，不如说是多一个提醒：影响力是核心问题。

问：本报每年数十万的发行量，是全体编辑记者的骄傲，但来自读者尤其是基层读者的声音相对较少，或者说，由于反馈机制和沟通渠道等多种因素的限制，能切实传递到编辑部每位编辑记者这里的反馈声音往往极其微弱而碎片化，带有很大的偶然性、随机性。是否可能通过社内外力量的组织协调，建立一个较为常态化的可持续的读者意见反馈机制？

如果可以，请具体谈谈相关规划和构想；如尚不可行，近一段时期内，我们所能做的又是什么？

答：记得若干年前报社有一个读者意见反馈机制，详情因为我没有参与不很清楚。从目前情况看，我个人赞成通过社内外力量的组织协调，建立一个较为常态化的可持续的读者意见反馈机制。当然时机是一个问题，更重要的是效果，即花很大力气去做的一件事，应当能够对我们提升可读性提供参考。

这里很重要的一点是目标对象的确立，而这又与报纸和版面目标对象的细分相关联。“精致大报”目标的提出，更多的是指内容的“精致化”，内容的“精致化”是需要目标对象的“精细化”作支撑的。如果说《人民日报》的目标对象就是人民，因为其太大，因为虚幻抽象，最终就可能等于没有目标对象。同理，《工人日报》的读者对象如果仅仅笼统表述为“工人”也嫌太大，也容易失去目标对象。因此，每个版面每个栏目理想状态下都应该锁定自己特定的读者群，而在这基础上的反馈才更有价值。至少，这是需要我们做在前头的，否则所谓的反馈就可能没有实质意义。

问： 刘总，我有两个问题。

第一个问题：网络正改变着人们获取和阅读新闻的方式，在这种情况下，报纸该如何留住读者？如何在强调新闻消息的同时，拓展深度报道、专题报道，以深度吸引读者？在本报的星稿评选政策上是否应作出相应调整？

第二个问题：如何更充分地挖掘发挥高级编辑记者的潜能和作用，使报纸上出现更多读者喜闻乐见的高质量的高水平的文本，从而带动这些名编辑名记者创造更多的市场价值？

答： 网络时代，深度报道对于报纸的重要性已不必多说。诚如发问者所言，是该在如何拓展上发力了。我以为这需要在认识和操作两个层面同步推进，其要点主要包括：深度报道不是一种新闻文体，而是追求报道深刻性的理念、思想方法，以及立体的思维方式和旨趣；深度报道突破一人一地一事的报道模式，一面剖析事实内部，一面展示事实宏观背景，从历史渊源、因果关系、矛盾演变、影响作用和发展趋势等方面报道新闻；深度报道从调查走向研究，从知性走向理性，记者在运用解释、分析、预测等方法的同时，通过调查研究问题，从调查型记者走向研究型记者。

因此，星稿评选政策上的相应调整反倒是一个次要的问题，组织构架、人员配备、机制建立等更需要优先考虑。

至于如何更充分地挖掘发挥高级编辑记者的潜能和作用，我认为可以有更全面的表述，也更符合和谐社会要求，那就是“如何更充分挖掘发挥每个人的潜能和作用”。而每个人对文本和市场价值的渴求，代表着我们努力的两个方面，也是一张报纸的两个主战场——但愿它能成为共识。

问：报纸需要个性，有人称这是“立身之本”。请问：一张报纸的个性是如何形成的？《工人日报》的个性是什么？信息时代怎样保持并发展本报的个性？

答：这是一个很重要的问题，但同时应该承认，这也是一个很不好回答的问题。

一个人个性的形成，主要受遗传因素、成长环境和所受教育三大因素的影响。套用一下，我认为一张报纸大体也是如此。它诞生之日被赋予的使命、办报宗旨和定位，是第一个因素；发展过程中外部、内部环境的持续影响，是第二个因素；从业者、团队的素质和能力构成，是第三个因素。当然，贯穿始终的还必须有对某种理念的认同和传承。

据我所知，《工人日报》历史上有过很辉煌的时候，谈及这些，人们往往会有这样的评价，例如，“敢说话”，“有锋芒”，“为职工群众仗义执言”，等等。那么这算不算个性呢？我不敢肯定。

教科书上说，共性寓于个性之中，个性又受共性的制约，共性和个性在一定条件下相互转化。正如一组彩色铅笔，共性是书写绘画工具、都是铅笔，个性是不同颜色。我非常赞成提问者的观点，赤橙黄绿青蓝紫构成一个多彩的世界，我们只有当好其中的一个，才有存在的必要，才有“立身之本”。我认为这一切的前提条件是，要做一张有追求的报纸。有追求，不停止追求，个性就会有，就会保持并发展——这比任何具体层面的讨论都重要。

问：从新闻来源讲，政工版的稿件完全是独家、首创，线索、事件全部来自基层一线。同时，政工版在基层有着广泛的读者群，拥有一支稳定、热忱的通讯员队伍。然而，思想政治工作的特性，使得此类题材的报道不易有可读性，版面也难出彩。请问政工版如何用好优势、转化劣势？

答：独家、首创、线索、事件，这些东西只有与新闻价值联系在一起加以把握，对于媒体来讲才有真正的意义。换句话说，既然是报纸，是报纸的政工版，新闻性始终还是要放在第一位的，必须强化新闻价值判断。一个版面在基层有着广泛的读者群，拥有一支稳定、热忱的通讯员队伍，的确是一个难得的优势。与此同时，来稿可能多为总结类、简报类，或是碎片化的信息，大体是同质化的工作报道，这又成为办报的大忌，因而是劣势。

“如何用好优势、转化劣势”，我认为问题提得很好。在此提三点建议供参考：第一，思想政治工作的对象是人，我们不妨把关注点更多地放在“人”或“人群”身上，使之成为报道的主体。一个简单的判断标准是，我们报道的主标题的主语如果不再是“某某单位”、“某某党委”，而是“某某人”、“某某事”，这就可能有点意思了。这样，一些工作报道就可以还原成事件，一些抽象空洞的表述就可能被故事、情节所取代。第二，实现这一转变的难点在于首先要有扎实的采访，许多通讯员也许不具备相应的条件，因此需要因人而异培养队伍，编辑需要多做一点策划、指导工作。第三，在全面突破转变尚难以实现的情况下，可就局部，例如某个栏目、某个版块进行重点经营，逐步形成版面引导。

（本文中提问者是工人日报社编辑、记者，回答者是工人日报社总编辑刘家伟）

第二部分

改革的历史是由人民群众来写

改革是伟大的。它将改变中华民族的历史命运，奏响中华民族振兴的乐章。

改革是艰难的。它以前所未有的复杂性和艰巨性考验我们这一代甚至几代中国共产党人。

改革是历史的必然趋势。它不以任何个人的主观意志为转移，就像太阳要从东方升起。

因此，与其说是我们选择了改革，毋宁说是改革选择了我们。

当改革进入攻坚阶段的时候，我们仍然要毫不动摇地坚持一个原则——必须坚定不移地依靠人民群众。

中国正在进行的改革和社会主义现代化建设事业是一场前无古人的空前伟大和深刻的社会变革。要取得这场革命的成功，非得有亿万工农大众和知识分子的积极参与不可。最伟大的历史变革必有最伟大的社会力量支持。尤其当改革向纵深发展，各种利益格局调整加剧，各种深层次矛盾凸显的时候，如果没有亿万群众发自内心的理解、认同和支持，这场改革是进行不下去的。

马克思主义唯物史观的基本观点，就是承认人民群众是历史前进的动力，历史是人民群众创造的，人民群众才是真正的英雄，是推动社会发展的主导力量。谁要是否认这一点或在实践中忽略了这一点，谁就在事实上陷入了历史唯心主义的泥淖。

我们讲坚持马克思主义唯物史观，坚持群众观点和群众路线，其中包含坚信群众能够认识和接受真理，能够认清改革的大趋势，能够顺应改革的潮流，抛弃陈旧落后的思想、观念和习惯。改革，说到底是改造世界的过程，也是改造人的过程。也就是说，我们在从事改革大业的同时，也在不断进行对我们自身的改造。所以当部分群众对改革中的新事物一时认识不足，对改革中的某些举措一时理解不够，对改革中的利益调整一时还不大适应的时候，我们千万不要以为自己比群众高明，以为群众是可依靠可不依靠的，那样我们就会丢掉共产党人最基本的观点即群众观点，丢掉最基本的路线即群众路线，从而失去最大的动力。

改革的历史是由人民群众来书写的。改革开放20年的历史已经作出了证明，未来改革开放的实践还将继续证明。在《改革攻坚依靠谁》这一栏目即将告一段落的时候，我们再次重申这样一个真理：

人民，只有人民，才是推动历史前进的动力！

（原载于《工人日报》1998年7月27日）

实现党内监督的根本制度化

以《中国共产党党内监督条例（试行）》（下文简称《条例》）的颁布实施为标志，中国共产党的党内监督从此进入规范化、制度化的新阶段。作为中国共产党历史上一部十分重要的党内法规，我们相信，它的颁布实施，对于坚持党要管党、从严治党的方针，发展党内民主，加强党内监督，维护党的团结统一，保持党的先进性，始终做到立党为公、执政为民，必将起到重要作用。

一段时间以来，相当多的媒体和社会舆论对《条例》的出台给予了极大的关注。这不仅在于它是中国共产党的首部党内监督条例，更在于，《条例》的颁布实施，是党内监督工作实现根本制度化的一个飞跃——这无疑是一个重要的变化和重大的进步。

党内民主是党的生命，也是党内监督的基础。重视发展党内民主，重视在党内建立一个健康、规范的权力运行机制，对人民民主起着重要的示范和带头作用。我们知道，制度带有根本性、全局性、稳定性和长期性。只有制度才能保证和维护监督，只有制度才能保证和维护民主；没有以制度为载体的民主是靠不住的民主，没有以制度为载体的监督也是软弱的监督。我们目前正处在完善社会主义市场经济体制的关键时刻。在转型过程中，原有计划经济时代的某些东西在市场中更直接地体现为实际的经济利益，这为某些政府官员进行权力寻租、权钱交易提供了客观条件；与此同时，随着市场经济的发展，对利益追求的正当性得到最大程度的认可，利益渠道的多元化难免使以权谋私成为某些人的现实选择。因此，在新的历史条件下，党内监督工作面临许多前所未有的新情况、新问题，面临比过去任何时候都繁重艰巨的任务。《条例》的颁布实施，正是适应了完善社会主义市场经济的这一现实要求，是解决好提高党的领导水平和执政水平、提高拒腐防变和抵御风险能力两大历史性课题，始终保持党的先进性的一项重大措施。

“权力导致腐败，绝对的权力导致绝对的腐败。”这一名言实际上是在提醒我们，不能放松对于权力的警惕。腐败问题是一个国际性的话题，是每一个执政党都不得不面对的考验。从运动反腐，到权力反腐，再到制度反腐，在对待腐败的问题上，应当说，我们的认识在一步步深化。然而，众所周知，公共权力作为一种公共意志的体现，一个不可回避的事实就是要由实际的个人来实施，而个人在社会中的趋利性将不可避免地造成腐败的风险。所以，反对和防止腐败就必须做到：权力行使到哪里，监督就跟到哪里。只有这样，才能有效地防止和制约权力的被滥用。

我们必须充分看到，制定党内监督条例，使党内监督工作有章可循、有法可依，是加强党内监督工作的重要保证。《条例》把发展党内民主、维护党的团结和集中统一作为主线，把制度建设放在特别重要的位置，突出党内监督的重点，将实践证明行得通、有实效的做法加以规定，使监督职责划分更为明确，充分体现了民主监督、民主治腐的精神。尤其是，《条例》明确要加强对“一把手”的监督，具有很强的现实针对性。一段时间以来，由于种种原因，对“一把手”的监督面临实际困难是不争的事实。正因为难以监督，“一把手”违法犯罪的现象有蔓延的趋势。《条例》对此作出了明确规定，无疑是解决了一个制度上的难点，是发展党内民主、加强党内监督迈出的实质性的一大步。

可以肯定地说，《条例》的颁布实施是我们政治生活中的一件大事。因此，我们一定要从推进党的建设新的伟大工程的高度，充分认识贯彻实施《条例》的重要性，认真学习《条例》，广泛宣传《条例》，严格执行《条例》。尤其是，广大党员干部要进一步提高认识，自觉履行党内监督的职责，正确行使党内监督的各项权利，从而形成积极倡导监督、大胆实施监督、热情支持和保护监督的浓厚氛围，使党内监督工作不断加强。

（原载于《工人日报》2004 年 2 月 18 日）

别让冷漠在我们中间互相感染

昆明的一位袁姓患者，在一家医院的急诊室门口竟不得不求助“120”才万幸捡回了一条命——新华社日前播发的这条消息让我们产生了阵阵凉意。

事情的经过是：已怀孕一段时间的袁某突感腹部剧痛，被紧急送往昆明医学院第一附属医院救治。她先是要求挂急诊遭到拒绝，候诊过程中昏迷过去，而此时，忙着打手机的女医生仍视而不见。情急之下，其丈夫拨通了“120”。云南省急救中心派出的急救小组初步诊断，患者可能是宫外孕大出血，再不救治就会有生命危险。但几步之遥的急诊室仍以病床已满为由拒绝接诊，最后患者只好被送往另外一家医院。

此事引发媒体的批评是必然的，因为只要舆论的良知还在，就不能保持沉默。同样，此事引起公众的责问也是必然的，因为只要人间的正气还在，就不会不发出声音。

尽管如此，这一事件还是让我们久久无法忘却且心存忧虑。我们注意到通常的一种声音：这家医院，或者说是这几位医生，太缺乏职业道德了！

事实也是这样。当一个人的生命处于危难之时，以“救死扶伤”为天职的医生竟然视而不见；面对他人生命的泣血呐喊，他们的神经竟然这般麻木。他们的职业道德当然很成问题。

然而，在追问他们职业道德的同时我们是否可能忽略了这样一个事实：假设患者不是倒在医院而是昏迷在街头，究竟有没有人或者有多少人施以援手？如果没有或者很少有人愿意这么做，那么，就不仅仅是一个简单的职业道德问题了。

对于这一问题的进一步探究甚至使我们产生了这样的想法：它是否已经超出了道德的范畴？换句话说，在道德的范畴里讨论这些问题似乎有些困难。

我们因此不得不把它归结为人性的冷漠。其实人性中本应该有许多美好的东西，例如对弱者的怜悯，对苦难的同情，对同类生命的尊重。而人类文明的进程也本应该是，人在创造物质文明和精神文明的同时，不断克服自身的弱点，从而实现人类自身的超越。

我们正处在社会转型期，我们在努力追求文明和富裕。如果我们的富裕最终是以道德的沦丧为代价，如果我们在占有财富的同时却迷失了人的本性，那么，这肯定是人类自身的悲剧。

尽管发生在昆明的这一幕也许是个案，只涉及某个行业、某几个人，但我们仍然郑重其事。因为我们深知：温暖可以相互感染，冷漠也可以相互感染。

如果任这种冷漠蔓延下去，我们必将看到我们极不愿意看到的一幕：我们的生命越来越陷于无助，我们的发展代价越来越高昂，而这是任何一个社会都难以承载的。

从这个意义上说，这绝对不是某个行业、某几个人的事，所有的社会成员都应该自省。

（原载于《工人日报》2001年3月27日）

人的尊严是第一位的

随着陕西“处女嫖娼案”二审的开庭，这起轰动一时的案件再度引起了媒体和社会的广泛关注。

半年前我们初次了解这一事件的时候，坦白说我们当时的心情还算轻松。对于这样一件荒唐可笑之事，由于媒体的曝光，由于法律的介入，由于世人的关注，我们相信受害人最终一定会讨回公道，相信胡作非为者一定会受到应有的惩罚。然而，时间的推移使我们的心情开始变得不再轻松。我们甚至有了些许的凝重。

这是因为，我们注意到媒体最近又有类似于麻姑娘遭遇的报道。这就是说，靠处女膜来维护自己清白和尊严的事情，尽管让人觉得是那么的不可思议，但它过去有，现在有，将来可能还会有。

我们心情沉重，更是因为类似事件带出的许多问题让我们无可回避。比如，部分基层执法人员素质为何如此低下？我们现有的法律能不能、能在多大程度上维护公理和正义？我们什么时候才能不再漠视人的尊严、还人的尊严以应有的地位？

陕西“处女嫖娼案”最终会有一个什么样的结局，我们无权指手画脚。但可以肯定的一点是：无论最终是一个什么样的结局，我们都不会停止关注——因为，无论法律最终作出什么样的判决，它顶多给受害人带来一丝心灵的抚慰，给善良的人们带来一些希望，给渴求正义与公理的民众带来一点信心。但这一事件的前前后后，人的尊严所遭受的前所未有的漠视和践踏，从某种意义上说已经无法挽回。

尊严无价。我们惊诧于受害人维护自身尊严之艰难，我们更惊诧于她作为人的尊严如今竟然是建立在那么脆弱的东西之上。少数基层执法者们，出于这样或那样的原因，把人民赋予他们的权力当成了为所欲为的工具。我们惊诧于他们对法律和人民警察形象的亵渎，我们更惊诧于他们眼里人的尊严竟然荡然无存。涉案的双方为了打官司，为了法律意义上的胜利而有意或者无意地“忽略”了一些“细节”。我们惊诧于恰恰是这些严重摧残人的尊严的行为竟不能引起足够的重视，我们更惊诧于法律其实远远不能涵盖全部。

社会进步的重要标志之一，就是人的尊严不容侵犯。很多时候人们挺身而出，是为了人的尊严而战。然而，社会发展到了今天，就在我们不遗余力地推动法治进程、实现社会进步的今天，此类践踏人的尊严的事件一再发生的现实，不能不说与我们的愿望形成了一个巨大的反差，同时也构成了一个巨大的讽刺。

当越来越多的人把关切的目光投向陕西的那位受害者的时候，我们不清楚究竟有多少人能够从内心真正地意识到：与其说我们在关注受害者的命运，不如说我们实际上是在关注自己，关注我们作为人而应该具有的尊严，关注法律如何能够赋予我们尊严。

（原载于《工人日报》2001 年 7 月 26 日）

寻找“更崇高追求”的实现方式

谈及“道德”的事情如今有些难度，更不用说讨论道德追求的实现方式了。原因在于：类似的文章已经很多，该说的人家都说了，况且，时下有一种观点，认为报刊时评类的文章落脚点多在人性道德，言下之意，人性道德这东西有点不着边际，也有点不痛不痒。

之所以还说“道德”，自然还是缘于有关“道德”问题的新闻：本报前天的头条报道说，长沙挂牌成立了一家“道德银行”，有志于当“道德富翁”的社区居民可在这里“开户”，在日常生活中“储蓄”德行，并且这种“储蓄”最终会得到回报。据说，这一制度形式的探索引起了一批专家学者的浓厚兴趣。

怎么看，长沙的这件事都很新鲜。而且，怎么看，长沙的这件事都带有转型社会的明显特征。因此，对这一事件的关注，特别是对其目标实现方式的探讨似乎仍有必要。

在不少人慨叹世风日下、道德沦丧的今天，“道德银行”的出现，正是人们内心渴望道德回归的一种外在体现。至于它是否具有可操作性，是否具有生命力，是否对于我们构建道德体系有帮助，其实那已经是另外一个问题了。这样的认识也许更有助于我们理解抑或宽容它把道德这样一个复杂的问题与市场的某些运作方式结合的简单做法。

实际上，就长沙这一做法的本质而言，我们是非常熟悉的。尤其是，倘若我们换一个说法，把“道德银行”叫作“功德簿”，“储蓄”之类的叫作“积德行善”，我们发现，这个东西在中国社会已经存在几千年了。只不过在历史长河中还掺杂了一些糟粕，如因果报应、惠及来生、荫及子孙等。

我们理解，道德其实是社会之所以为社会的一种约定俗成，是为大多数人接受的一种价值取向。一些延续了几千年的有价值的东西，今天重提起来竟然有了某种新鲜感，这是否意味着一些有价值的对我们很重要的东西一度被人遗忘被人抛弃了？

所幸人们对此已经有了必要的认识。以《公民道德建设实施纲要》的出台为标志，道德建设被提上了重要的议事日程。对于长沙出现的新生事物，有评论把“道德”同样视为财富，并且认为对这种财富的追求比对以金钱为代表的物质财富的追求“更崇高”，因为，道德升值了，其意义应比财富升值还重大。

如果这样一种观点能够为大多数人所接受，那应该是一件很让人欣慰的事情。接下来顺理成章地就应该考虑其实现方式，对于这一问题的认识，同样很重要。

就个体而论，通常意义上的财富追求与道德追求，其实现方式有着根本的区别。最明显之处莫过于，崇高的道德追求永远是一种内在的东西。换句话说，人们内心的道德感、正义感、认同感，比其“积累”多少件“善事”远为重要。

具体到长沙的“道德银行”，我们意识到，如果它能通过这样一种方式，营造一种追求道德的氛围，即让每个人都做有道德的人，并发自内心地、自觉地实现自己的追求，从而提高社会的整体道德水准，那么，其存在的意义就显而易见。但同时，我们也意识到，要实现这样的目标，光靠“道德银行”是不够的，因为“道德银行”本身也只是方式的一种或一部分。

全社会价值观念的逐步确立，与社会经济发展密切相关。正如社会发展需要全方位、多渠道地推进一样，“更崇高的追求”也需要探索更多的实现方式和方法。很显然，在这方面我们还有很多事情要做。

（原载于《工人日报》2002 年 1 月 17 日）

“透明发票”与见死不救

“透明发票”与见死不救这样的事情本来没有任何关系，把它们扯在一起肯定让人摸不着头脑。

但是，媒体舆论这几天恰好正在分别关注这样根本不搭界的两件事：昨日本报头条的报道，以《“商业大鳄”频遭退货，“透明发票”水土不服》为题，说的是德国百货业巨头麦德龙进军成都之后，由于其开具的发票过于“透明”而遭遇许多期望借发票“揩公家油水”的单位采购员和公款消费顾客的抵制，以致退货不断；另外一件事情是，宁夏吴忠市的30名“人民公仆”，在一个叫黄湾桥的地方，整齐地站在岸边“观望”着一名13岁女学生落水后失踪的全过程。

先说说前面那件事。事实上，麦德龙一踏上中国国土，就招致了众多的议论。原因就在于它非要执行规范的商业操作不可，竟然不肯入乡随俗，全然不顾“中国国情”。而与此同时，在整个有关麦德龙的事情上，至今为止有两点是令人欣慰的：其一，麦德龙方面一直没有妥协的意思——尽管我们曾经多么希望，这样的事情最好由我们中国人或者中国企业自己来做；尽管让人家一个外国人为扭转我们的社会风气做那么多的工作，这多少让我们自己有些尴尬。其二，舆论基本一致地表达了对麦德龙的敬意和支持。这说明，人民群众是希望我们的社会能多一些像麦德龙这样的企业的，而我们的社会也是不乏有识之士和正义之声的。

再来看看“黄湾桥事件”。应该说，见死不救是不容于任何一个社会的，任何见死不救的行为最终都难逃道德的谴责。但极具讽刺意味的是，有段时间了，见死不救这类现象似乎已经构不成什么重大的新闻了。而“黄湾桥事件”之所以引起如此强烈的反应，很大程度上是因为，这一次的见死不救者竟然是由一群大大小小的领导组成的。

一件事，大家都说好，但除了麦德龙，没人再这么做；有些事，如见死不救，谁听说谁都痛心疾首，却时有发生，甚至发生在本该具备较高素质的领导身上。那么，问题到底出在哪里呢？

一段时间来，人们忧虑于道德的沦丧、滑坡，抱怨社会风气的不正。忧虑也好，抱怨也好，这实际上反映了人们对一种良好社会风尚的期待。但问题是，许多人往往是以一种置身度外、与己无关的心态来忧虑来抱怨的。换句话说，当与自己的切身利益没有关系的时候，这个人是知道应该怎么做的；而当与自己的切身利益有关系的时候，这个人就往往忘了应该怎么做。

了解了这样一个现实，就使我们容易理解上述这些似乎矛盾的社会现象。其实，在这一问题上我们已不必再讲什么道理了。我们还知道，这样的所谓道理说出来是会惹人发笑的，因为这个道理谁都明白，谁都会说。

问题是，谁来实践这样一个通俗易懂的道理？如果我们对于社会风气乃至社会道德的诉求，不是建立在对每一个社会成员自身素质自身行为的要求之上，我们还能期待什么呢？

（原载于《工人日报》2001 年 11 月 29 日）

“中国龙”的另类价值体现

历经近 5 年风雨的“中国龙”广告牌终于永远地消失在人们的视野中——日前本报的报道说，7 月 29 日，位于重庆长江大桥南桥头江岸的这块广告牌被彻底拆除。此前，这块耗资上千万元的广告牌被人们称为“巨无霸”。

“巨无霸”从它诞生之日起，就让它的主人“颗粒无收”，因此我们可以说，它是一文不值的；但是，当今天，当我们回过头来看“巨无霸”存在的 5 年这一漫长过程的时候，我们惊奇地发现，“巨无霸”其实还是有它的价值所在，只不过这一价值体现颇有些“另类”。

通常情况下，这样说话可能多少带有狡辩、牵强的意味，但这一次事实就是如此。正因为事实如此，我们绝没有事不关己、幸灾乐祸的意思，相反，我们觉得有必要认真地讨论一下有关这样一个被称为“巨无霸”的东西。

可以肯定地说，“中国龙”广告牌曾经招致多少指责批评，曾经被多少人多少媒体谈起提及，现在已经难以统计难以考证。一个由于盲目决策而导致的错误，因为它的巨大显赫不可抹杀，终于无可挽回地成为一个笑柄，一个反面教材。

今天有一些人或许会有一种如释重负的感觉。这样一种心情我们甚至也觉得可以理解。毕竟，一件本不应该发生、本应该避免的事情，实实在在地发生了，这不是什么好事。尤其是，只要这块广告牌还“屹立”一天，那就是一些人“永远的痛”。

锈迹斑斑的“中国龙”消于无形，有关它的话题将日渐沉寂。对于这样一个曾经存在的庞大建筑，我们今天当然仍可以从许多角度许多方面发表意见，例如，盲目决策造成恶果，头脑发热一味贪大，缺乏眼光不负责任，一人拍板集体买单，等等。尽管我们也认为其中相当多的一些观点是切中要害的，但在许多的批评反思中，这样的话已经说得太多了。

所以我们不想说这些了。我们现在关心的是，“屹立”了 5 年的广告牌是否成为一个“警示牌”，即使在被拆除之后依然“屹立”于人们心中？换句话说，这样一个不该出现却出现了的东西，如果能够给我们留下一点什么，哪怕是留下与当初决策者的初衷截然不同的一些东西，也算是有了它的存在价值。

设想涉事者从此变得慎重，变得如履薄冰，变得“知耻而后勇”；设想从更大范围更普遍的意义上说，那些拥有决策权力的人变得更加冷静更加警惕，变得懂得尊重市场科学决策；设想这样一件事促使人们思考促成人们痛下决心，那些形同虚设的制度变得有约束力了，那些漏洞百出的制度变得系统而完整……我们愿意相信这些“设想”有很大一部分已经或正在变成现实。

客观地说，既然是市场经济，就必然伴随各种风险。关键在于，我们应该尽量避免错误，而不应该一而再地犯同一个错误。这样一个道理许多人其实都懂，我们之所以还要说，是因为现实中同样的错误在不同的地方却是竞相出现，版本不同内容相似，在大多数时候糟蹋的往往都是人民的血汗钱。因此我们担心，“屹立”了5年的“中国龙”，随着时间的推移，人们会忘了它的曾经存在，那样的话，我们真的要为它感到悲哀感到不值了。

（原载于《工人日报》2002年8月12日）

诚信：留给社会的一道考题

随着今年高考的结束，一个关于“诚信”的话题进入了千家万户。

起因是今年的高考作文题——关键时刻，一个学生被迫需要放弃一种品质以求得安全，在金钱、美貌、前途、诚信等几种可供选择的品质中，这位学生选择了放弃诚信。就这么一件事，要求考生写一篇文章。

有媒体报道说，这道考题引起了全社会广泛的议论。其中的基本观点是截然对立的：一种观点认为，市场竞争加剧了欺诈风，我们社会的“诚信”已经降到了最低点，因而这道题对学生正确认识“诚信”极有意义；另一种看法则认为“没什么意思”，社会已然如此，对学生灌输“诚信”不切实际。

真应该感谢命题者的良苦用心。因为，它不仅考评着学生对“诚信”品质的认识，如今这道题实际上又留给了社会，考问着每一个社会成员——尽管后者可能是命题者始料不及的。

无论持哪一种观点，都可能是人们源于自身经历的某种刻骨铭心的认识。因而这种认识再一次凸显了正在走向市场经济的我们社会的“诚信”问题。对于这一问题大范围的、强烈的关注，是我们非常愿意看到的。

严格地说，“诚信”问题并不是一个新鲜的话题。面对社会转轨时期道德的滑坡、信誉的缺失，有识之士大声疾呼，舆论传媒不遗余力，然而，我们看到的社会现实依然不容乐观。

一段时间以来，市场上假烟假酒、毒米毒茶大肆盛行，社会经济生活中尔虞我诈时有发生；诚实劳动、勤劳致富成了笑柄，坑蒙拐骗、投机取巧成了“能人”……从道理上讲，相信我们中的大多数人都应该或多或少地有一些认识：例如，市场经济是契约经济，“诚信”是契约实现的基础；“诚信”是一种稀缺的社会资源，缺了“诚信”，市场经济的发展必将产生巨大的障碍，我们社会的进步可能就是一句空话；等等。

然而，进一步的讨论使我们发现许多人的认识其实还停留在表面或口头上。最明显的特征莫过于：在指责他人欺诈、失信的同时，在对社会“诚信”沦丧表现出深恶痛绝的同时，自己却在利益的驱动之下采取有悖于“诚信”的手段和方式。

“诚信”作为一种道德要求，无疑需要全体社会成员的共同努力。只有每一个人都自觉把它当作自身立足社会的基础，道德的回归才具备了某种可能性——这应当是我们对这一问题的最基本的理解。

同时，“诚信”还体现了一种能力要求。尤其在推进市场经济的今天，道德的约束固然重要，制度的建立也不可或缺。与其求助于道德的柔性，不如着手于加强制度的刚性。个人信用机构和机制的逐步建立等日益完善的制度对于全社会“诚信”品质的确立，有着极其重要的意义。

（原载于《工人日报》2001 年 7 月 11 日）

基层怪事及其破坏力

来自基层乡镇的两件怪事最近上了许多地方的报纸、电视。

一则题为《虞城农村怪事：教师上岗先交费，少了一万莫教书》的新闻说的是：豫东虞城县沙集乡政府规定，1999 年和 2000 年度师范毕业生要交教师上岗费才给安排工作，正规院校毕业的交 1 万元，非正规院校毕业的交 1.1 万元，并被冠以“教育捐资费”之名。另一件怪事出在湖北省浠水县洗马镇。央视的报道说，这个地方有 200 万的“马币”在流通。所谓的“马币”，主要是部分乡镇政府部门向干部、个体工商户等人开具的欠款白条，这些累加起来数额巨大的白条，竟然在市面上以打折的方式流通……

客观点讲，类似于沙集乡和洗马镇这样的事情，在全国的许多地方都有，如果说有什么区别，可能更多的是其程度有所不同。白条这个东西，很多人并不感到陌生；至于想个什么名目行乱收费之实的事情，相信不少人都遇到过。具体像教师上岗费之类，沙集乡的一些干部透露说，这在当地其实“相当普遍”。

是否因为“相当普遍”，就可以对这类事见怪不怪、习以为常，甚至就可以争相仿效、无所顾忌？答案显然不应该是这样的。两地的怪事成了新闻，众多媒体竞相报道，正反映了人们在这一问题上的一种基本看法。

不仅如此，如果深入考察这类现象与某些基层政权的关系，我们发现，其严重性是毋庸置疑的。换句话说，它给基层政府、给基层党员干部形象带来的某种“破坏力”，可能远远超出我们的想象。

还以上述两地的怪事为例。从表面上看，收取所谓的“教育捐资费”侵犯了教师的合法权益，给当地的教育事业带来了负面影响；大量的白条损害了当地百姓的经济利益，“使他们蒙受了严重的经济损失”。从我们注意到的一些较为普遍的批评声音看，如果其影响程度仅限于此，那么事发地立即采取措施予以纠正应当不是一件很难的事情。而实际上，有媒体说，他们已经开始着手这项工作了。

这当然是令人欣慰的。问题在于：就这两地而言，挽回影响需要多长时间、做多少艰苦的工作？有关方面、有关人员对此是否有一个清醒的认识？同样存在这种现象但未被曝光的地方，是否可以依然故我、无动于衷？讨论这些问题，必然触及更深的层面：政府公信和政府形象。

一级政府竟然欠账不还、言而无信，竟然朝令夕改、随心所欲，它导致的必然结果只能是政府信用在百姓心目中逐渐丧失。当全社会信用的缺失已经引起大范围关注的时候，当市场经济焦虑地呼唤诚信的时候，一些基层政府却在有意无意地放纵甚至加剧失信的进程，这是无论如何都不能允许的，也是必须加以警惕的。因为我们知道，社会信用说到底主要是由政府公信和个人信用构成的。

基层政府是相关政策的最终执行者。普通百姓接触乡镇一级政府的机会最多，见到基层党员干部的机会也最多。这一级政府部门的所作所为，这些地方党员干部的一言一行，直接关系百姓心目中党和政府的形象。如果任凭此等怪事在基层“相当普遍”地继续存在甚至蔓延开去，如果至今仍然不能正视这类现象的破坏力，那么它将带给我们的，必定是我们极不愿意看到的，也必定是我们要为之付出代价的后果。

（原载于《工人日报》2002 年 4 月 12 日）

为 5000 万“差生”呐喊

如果人一生下来就被分成了三六九等，那么这个社会肯定有问题；如果孩子几乎还没有开始自己的人生之路就遭到成人社会的“封杀”，那么这个社会也不能说没有问题。

我们相信大多数人会对这样的观点持赞同的态度。然而，来自全国少工委的一项调查使我们的信心发生了一些动摇。该项调查统计说，在我国现有的 3 亿学生中，被老师和家长列入“差生”行列的学生已达到 5000 万人，他们在学业上不再被认为有什么希望，已成为家长和老师眼中的“问题孩子”。

5000 万，意味着每 6 个学生中就有一个“没希望”、“有问题”。如此庞大的人群被推到了集体的边缘，如此之多的孩子正遭受某种歧视而被打入“另类”，我们内心的震撼是巨大的。这种震撼源于这样一种基本的判断：这已不是一个单纯的教育问题，而是一个严重的社会问题。

因为是“差生”，他们在学校、班级成了“多余人”；因为是“差生”，他们难以见到父母的欢颜；因为是“差生”，他们为了“成全”所谓的升学率而被迫放弃升学考试；因为是“差生”，他们的人生之路似乎注定要变得艰难。

尽管要搞清楚今天的孩子在想什么不是件容易的事，但其实我们每一个成人只要稍微想一想自己曾经有过的童年、少年时光，我们就不再怀疑：这 5000 万个孩子心中一定充满了屈辱和愤怒，充满了压力和不解，充满了渴望和无奈。

也正因为如此，我们有责任为这 5000 万“差生”发出一声呐喊：不要抛弃这些孩子，不要让成人社会的“傲慢与偏见”害了这群孩子！

教育的根本目标是培养人，选择和甄别是社会的事。“差生”之所以为“差生”，很大程度上只因为一点：学习成绩差。我们必须承认，学习成绩的优劣对于学生来说当然是重要的，因为它反映了学生对知识的掌握程度，甚至也在一定程度上反映了学生的智力水平。但它绝对不是唯一的。比如，某些方面的专长、某些方面的创造力等也可以是一个人立足社会的重要因素。正是有了这样的认识，素质教育得到了广泛的认同并被提到了应有的高度。然而，面对 5000 万之众的所谓“差生”，我们的教育需要反思的问题还是太多太多。

更需要反思的其实是我们的社会。当一个社会普遍缺少创造氛围的时候，当家长们习惯于把自己的社会经验甚至一些相当功利的东西强加给孩子的时候，5000 万“差生”这一社会问题的出现就是必然的。

5000 万，无论如何都是一个让人沉重的数字。如果把这 5000 万个孩子聚集在一起，让 5000 万双眼睛一同注视着我们，我们是否能够多一些宽容，多一些理智？

我们是否能够真正认识到，他们和其他千千万万的孩子一样，同样寄托着我们的未来？

（原载于《工人日报》2001 年 6 月 27 日）

我们最宝贵的教育资源

教育行风在沈阳沦为“倒数第一”的消息引起人们广泛的议论。这个“既出人意料，又在情理之中”的结果，对我们今天社会的大多数人来讲都可能是沉重一击。

昨日本报的社评以《教育行风“最差”令人难过》为题。文章指出：“在为人师表的行当里，当自律不是一种原则而是一种可笑，当腐败不是一种可耻而成为某种普遍之时，我们的文明、我们的希望就都无从谈起了”，“这失望既是对教育的失望，也是对社会的失望”。

事实的确是这样的。教育的根本目的是培养人。培养人的同时竟然“培养”出了腐败习气，还有什么比这更让人难过的呢？

老百姓憎恨教育腐败，正如憎恨社会上形形色色的腐败一样。但是，对于教育行风问题乃至教育腐败，每个人如果仔细地想一想，除了憎恨还会有一份痛心——这份痛源于我们内心受到的伤害。

如果说我们今天的教育还培养出了许多优秀的人才，这当然是党和政府对教育事业一贯高度重视的结果，是广大教育工作者一直辛勤工作无私奉献的结果，但与此同时，它的背后其实还存在一种最基本、最原始的力量，那就是：千百年来一代又一代地延续在我们血脉里的“父母之爱”。

由于对教育的渴望，由于受教育程度与每个人的生存状况直接关联，这种“父母之爱”许多时候被放大到了极致：“再苦也不能苦孩子，再穷也不能穷教育。”其信念之朴素之坚定常让我们感慨万千，也使我们容易理解这样一些社会现实：为什么地处穷乡僻壤的农民，为了培养一名大学生甘心砸锅卖铁倾其所有？为什么本不富裕的人们，为了那双充满渴望的“大眼睛”愿意伸出援手慷慨解囊……

这样一种普遍存在的绵延不断的“父母之爱”，本该让我们引以为傲，让我们珍惜有加。因为，相对于经费、师资、设备等而言，它是一种多么难得的东西啊！它是我们最宝贵的教育资源。

反观我们现在的一些地方，由于社会经济发展水平所限，当我们通常意义上所说的教育资源成了稀缺资源的时候，掌控着这些稀缺资源的一些人便利用手中的权力无情地糟蹋着宝贵的教育资源。“父母之爱”此时此刻在某种程度上被要挟：不管多少钱，反正你的孩子要上学！

教育行业的乱收费之所以能够如此普遍，之所以能够屡屡得逞，之所以具备了其他腐败所不具备的某种“强制性”，从根本上说是因为它利用了我们的“爱”，利用了我们可怜的天下父母心。

成千上万父母望子成龙的热望，本应该善加利用，帮助我们发展关乎明天、关乎未来的教育事业，用于弥补现行教育中某些其他资源的不足。然而，一些地方一些人竟然采取了另外一种“利用”方式，我们只能说，这确实是天下父母的悲哀，是教育的悲哀，是社会的悲哀。

教育之重要性无须再说，教育面临的困难有目共睹，教育所存在的问题也必须予以正视。虽然沈阳所暴露出来的教育系统的行风问题带有多大的普遍性我们不得而知，但其严重性是毋庸置疑的——这应当是我们对这一问题的最起码、最基本的认识。

（原载于《工人日报》2002 年 3 月 1 日）

学术浮躁与道德失衡

学界的浮躁之风乃至学术腐败已经惊动了许多有识之士。然而这股暗流依然呈汹涌之势——日前新华社一则新闻的开头这样写道：从剽窃论文的上海“吴黎明事件”到虚假浮夸的“基因皇后”陈晓宁，从盲目攀比SCI（《科学引文索引》）论文数到院士候选人打广告……屡屡曝光的信息正越发引起人们对科学研究这片净土的关注。

学界的浮躁与腐败给社会带来的冲击和后果可能远远超乎一些人的想象。于是，口诛笔伐者有之，大声疾呼者有之，建言献策者有之，一时间“学术浮躁”、“学术腐败”成了热门话题；而具有某种讽刺意味的是，多数学者对此好像漠不关心，一些人该做什么还做什么——不能不说，这仍然是我们当今社会让人难以置信的事实。

早些时候，本栏目曾有文章以《学术造假与“知识分子”》为题，对这一问题展开探讨。其中有一句话令人记忆深刻：连基本的职业道德都不顾了的人，确实没资格叫“知识分子”。应该说，话说到这个分上，再说别的什么都显得多余。

但是，问题也恰恰由此而产生：如果说他们没资格叫“知识分子”，那么谁有资格？或者说，谁来当我们现在这个社会的“知识分子”？事实上，正是一些“没资格”的“知识分子”，他们在社会生活的各个方面显得比谁都更像“知识分子”——有“光环”、有职称、有地位；而不少所谓的“有资格”的“知识分子”实际已经处于边缘的尴尬状态，除了“知识分子”的那份神圣，很多时候他们可能一无所有。

“浮躁”与“腐败”正是这样一种背景之下的恶性循环。可以说，问题的产生同时给出了问题的答案：“浮躁”并不可怕，“腐败”也不可怕，可怕的是我们的制度环境并没有发生相应的变化，可怕的是“浮躁”与“腐败”者往往并不需要付出多少代价。

正视这一背景，解决问题才具备了基本的前提。只有在这一基础之上谈论知识分子个体的道德自律，才可能更合乎情理。

当市场经济大潮袭来的时候，每一个人的内心都会自然而然地作出某种回应，学者或者说是“知识分子”也不例外。别人追求财富，我为什么不能？别人追求名利，我怎么就不可以？一些人的浮躁与腐败，其实是他们内心道德天平严重失衡的外在表现。可以说，“义”与“利”的较量从来没有真正停止过。

问题的严重性在于，学者或者说是“知识分子”的道德失衡，将直接影响整个社会的道德失衡。作为道德失衡的直接产物，学术的浮躁与腐败极大地动摇了人们心目中学术的神圣地位。我们知道，学术是一个社会文明进步的重要标志，学术文化是整个文化的精髓，它构成了道德良知的底蕴。因此，从道德范畴来反省学术的浮躁与腐败，从道德意义上对知识分子提出更高的要求，应该也是情理之中的——还是那句话，要不就别当知识分子。

（原载于《工人日报》2001 年 9 月 15 日）

尊重人与尊重人才

怎样看待人才？如何对待人才？我们应该有一种什么样的人才观？在刚刚结束的两会上，许多代表委员纷纷表达了对人才问题的强烈关注。

关于人才流失问题，中西部地区的“人才大逃亡”、“空巢现象”让人印象深刻；关于人才质量问题，假文凭、“干部文凭”使人忧心忡忡；关于留住人才的问题，过去我们常讲感情留人、事业留人、待遇留人，现在有人建议“能否干脆大胆一点，就讲待遇留人”；关于尊重人才问题，有人指出“只有尊重人，才能真正做到尊重人才”……

当今社会，人才的重要性已是不容置疑的了。在倡导“尊重知识，尊重人才”若干年后的今天，估计不会再有人轻易地表现出对于人才的蔑视，相反，“尊重人才”在各种场合出现频率之高，早已使人习以为常。

都在说尊重人才，都知道人才重要。若是依照通常的理解，大家在这个问题上已经达成了共识，似乎没有继续讨论的必要。但事实并非如此。现实生活中，人们在人才问题的认识上是有差异的。

认识上的不一致，必然导致实践中诸如政策、措施等方面的不一致，也必然导致各地各单位各部门之间人才状况的千差万别。比如怎样评价人才，就是一个典型的例子：一种看法是，只有具备学历的人是人才，假文凭、掺水文凭、“干部文凭”的泛滥，证明这种“唯学历论”是很有市场的。另一种较为普遍的看法是，只有已出成果、名扬四海的人才算得上是人才。这样的人才观，也就难怪有人“目中无人”，说出“是人才当然要尊重，不过我还没有见到”之类的话了。

为了延揽人才、吸引人才、留住人才，各地出台的政策林林总总，而且还很难说这些政策就没有落实到位。但是，一些地方的人才危机依然得不到缓解。这里面固然存在经济发展的不平衡导致人才流动这一深刻的社会原因，但实际上，这些地方在尊重人才的态度和办法上不能说不存在问题，而且，有一些问题可以说是普遍并且非常致命的。

同样是不拒人才，有的是为了装点门面，为我所用，让你发挥你就发挥，让你发挥到什么程度你就发挥到什么程度，不让你发挥你就别发挥；而有的则为各类人才创造有利条件，让人才在最合适的位置上最大限度地发挥作用。同样说尊重人才，有人只“尊重”那些出了成果的、能赚钱的或已赚了钱的人才；有人则想方设法发现人才，使那些尚未出成果但极有可能出成果的人成就一番事业。

肯定地讲，尊重人才有它的精神内涵。尊重人才不是靠说出来的，更不是某些领导的恩赐。人才的竞争，说到底其实是“人”的竞争，是人力资源管理制度的竞争。当人才的竞争被提到决定未来胜负之关键的高度加以认识的时候，我们对一位政协委员的观点深表赞同，那就是：尊重人，就一定能做到尊重知识尊重人才。

只有首先做到对“人”的尊重，才有可能真正体现为对人才的尊重，一个尊重“人”的环境必然就是一个尊重人才的环境；不尊重“人”，则根本谈不上尊重人才。摆正了这样一种关系，也许我们就把握了尊重人才的某些实质。

（原载于《工人日报》2002 年 3 月 22 日）

引导劳动力有序流动是个重大课题

与农民工有关的新闻在春节过后的媒体上颇为抢眼，总的说来大体有这么两类：一类说的是各地不同程度地出现“民工潮”，一些农民工为抢得先机，早早离开家门，使春运人流屡创新高。以广州火车站为例，有报道说，2月20日这里再次接纳了30万“南下大军”，汹涌的人群使这个华南地区最大的火车站有点不堪重负。另一类信息表明了这样一种态势：农民工进城就业形势不容乐观。这里所说的不容乐观，首先当然是缘于劳动力供求之间的矛盾。此外，由于信息不畅，不少人盲目流动，更加剧了各方压力。而与此同时，农民工的就业“门槛”问题也已初步显现。

有鉴于此，劳动和社会保障部日前采取5项具体措施，以维护农民工的合法权益。这些措施包括：发布农民工主要输入地区的用工数量、素质要求和招工时间等，引导农民工有序流动，防止徒劳往返；整顿劳动力市场秩序，重点打击非法职业介绍机构编造虚假用工信息，欺诈农民工钱财的行为；加强劳动监察，重点解决克扣、拖欠农民工工资和侵犯农民工人身权利等行为；公共就业服务机构要加强指导，积极主动搞好对进城农民的就业服务，帮助他们尽快找到合适的工作；大力发展供求信息明确、劳动关系稳定、组织化程度高、管理服务到位的定向劳务协作，帮助农民工广开就业门路。

据了解，截止到2001年底，全国各地外出打工的农民总量已经达到7800万，占农村劳动力总量的16.3%。这样一个庞大的人群，如今又开始了全国范围内的大流动，由此而带出的相关问题不能不引起我们足够的重视。

事实上，从媒体的报道来看，其中的一些问题已经相当突出。例如广东省规定，春节过后1个月内，企业不准招用新农民工。由于信息不畅，大举南下的农民工中，“逆流北上”者有之，“打道回府”者有之。如此盲目无序的流动，必然使运输部门、农民工输入地以及民工本人产生巨大压力，从而可能引发一系列的社会问题。

从这个意义上看，劳动和社会保障部出台的5项措施很有必要，也很有针对性。因为我们知道，劳动力的有序流动需要依靠政府的组织，需要依靠权威的信息引导。是否组织得好，是否引导得好，事关农民工的合法权益问题，也关系经济的发展和社会的稳定。

因此，在这一问题上各级政府可谓责任重大。近几年来，劳动力流动已经成为学术界、新闻界和政策部门关注的热点。每年春节过后，各地及有关部门或下发通知，或采取措施，或出台政策，总是想方设法及时地加以疏导。

农村剩余劳动力进入城市就业，将是一个长期存在的问题。随着中国的入世，这样一种趋势可能会更加明显。对于这样一种流动，人们自然可以有不同的关注视角，例如经济学或社会学的视角。无论从哪一个角度看，就社会现实而言，引导劳动力的有序流动是摆在我们面前的一个重要课题。我们是否可以这样说，有关部门当下采取的一些措施，仍然是针对特定时期特定情况下的应急手段，把这些措施落实好，当然有助于我们解决目前出现的一些现实问题，但从长远看，在这一方面我们仍有相当多的工作要做。

（原载于《工人日报》2002 年 2 月 22 日）

让希望成为我们生活的一部分

年终岁末，我们的心情确实与往日大不相同：我们感受着特有的节日气氛，我们打量着辛苦了一年的人们，我们体味着劳作者内心的喜悦和烦恼。

一年一度的传统节日造就了一个颇具中国特色的词语——春运。春运，意味着人流如潮，意味着人在旅途，意味着人心思归。当这个词诞生 48 年后的今天，我们惊奇地发现，它其实已经成了我们节日的一部分，成了我们生活的一部分——正是这样一个漫漫的过程，为我们的节日作了一个长长的铺垫：唯其艰辛，映衬出回家的喜悦；唯其痛苦，映衬出团聚的幸福。

是啊，选择了艰辛，我们也就选择了快乐；选择了痛苦，我们也就选择了幸福。还有什么比这更接近生活的本质和真实呢？

若干年以后，当我们不再提“春运”两字的时候，当方方面面无须再全力以赴的时候，当人们可以轻轻松松回家的时候，有过这样一种刻骨铭心经历的人们或许会有另外一种怅然若失。这就是生活。

我们说，明天是今天的继续，明天的生活会是我们今天努力与希望的结果。我们今天可能还有许多的不如意，但只要不放弃，一切都会好起来的。当欠薪问题在这个冬天终于引起大范围、大面积关注的时候，我们更加坚定了这样一种信念。

劳动者辛辛苦苦一年却拿不到钱回家过年，这样一种社会现实的存在，事实上已经构成了对市场秩序、社会公正甚至道德良知的挑战，因为从媒体披露的情况看，其中一些欠薪包含故意和恶意的成分。所幸各地对此均有不同程度的认识，并且从保护劳动者权益、维护社会稳定的角度出发，采取了一些必要的措施。媒体更是不遗余力地奔走呼号。尽管从根本上解决这一问题仍然需要一个过程，尽管最终必须在制度上有所突破，但是，这些举措对受到伤害的人们来说依然会是某种意义上的心灵慰藉。

受到伤害的人们需要抚慰，身处困境的人们需要温暖。今天，困难群众的生产和生活问题引起了党和国家的高度重视。深怀爱民之心，恪守为民之责，善谋富民之策，多办利民之事，成为对于各级领导干部的一条基本要求。由此我们深切地感受到，只要还有困难的群众，党和政府就不会坐视不管，我们的社会也不可能坐视不管。

当各地“送温暖”活动触及千家万户的时候，当扶危济困正成为我们社会的具体行动的时候，我们认识到，包括困难职工在内的弱势群体正受到广泛意义上的关注。关注他们的生存状况，关注他们的权利保障，关注他们的疾苦呼声，事关社会的公平。而一个公平的社会，是我们永远不会放弃的追求。

年关之际，我们打量着辛苦了一年的人们。我们知道，今天所看到的一切，表面上与我们传统的节日有着某种关联，但在更大范围上说，它与我们社会的发展进程有着某种关联，与我们明天的生活有着某种关联。

盘点一年的收获，开始新的打算；享受融融的亲情，祝福我们的来年。生活还在继续，让希望成为我们生活的一部分，只要付出汗水和努力，一年会比一年好。

（原载于《工人日报》2002 年 2 月 11 日）

与彻底退出相关的制度刚性

不少媒体日前分别对两起涉及造假的事件给予了充分的关注。两件事，一中一外，本来没有任何关系，但好像也可以扯在一起说说。

发生在国外的事情是，据报道，2002 年 8 月 31 日，美国安达信会计师事务所宣布，自愿放弃或同意吊销在美国所有各州为上市公司提供审计的营业执照。换句话说，安达信彻底退出奋斗了 89 年的会计行业。

国内的这件事情是，新华社 8 月 27 日报道说，河北省教育厅最近对今年高考中各市县申报三好学生、优秀学生干部进行审查时发现，竟有 80 名不符合条件。教育部门指出，一些学生为达到高考录取时加分的目的，千方百计走“后门”拉关系，甚至制造假证明、假材料，以骗取荣誉。由此，校园里的“荣誉造假”现象引发了媒体的广泛讨论。

发生在大洋彼岸的事件，其冲击之大、影响之广、含义之深刻，曾令我们很有些吃惊。众所周知，安达信彻底退出的直接原因是，它帮助安然公司“造假”、“售假”。可以说，安达信是自食其果。然而，从安然案发到现在，也就 9 个月的时间，安达信竟从一家创建于 89 年前、始终走在行业前端、享有极高声誉的会计师事务所沦落到关门的地步。不仅如此，如今它事实上还将不得不面对愤怒的投资者以及他们提起的诉讼。

一失足成千古恨啊！安达信的不慎“失足”注定了它今天的命运，市场的残酷、规则的无情抑或制度的刚性，由此可见一斑。反观国内的“荣誉造假”事件，报道说，造假的考生仅被“取消资格”，此外没有任何的处罚。相比之下，我们不得不思考这样一个问题：因为缺乏惩处或者惩处不力，我们的一些制度和规则是否显得过于软弱？

当然，简单地拿别人来说事的做法终归是不可取的。我们显然不能就此断言，因为有了安达信的前车之鉴，人家以后就不会再有造假事件了，但我们基本可以肯定，倘若还有人这么干，估计也逃脱不了安达信的命运。我们发现，这中间是有很大区别的。而本来，两件事除了地域、程度及后果的不同之外，其性质应该说是相近的，造假都是为了获取自身的利益。

许多时候我们都很善良，通常情况下如果按照我们的思维方式，应该“治病救人”，比如安达信，应该给它一个改过自新的机会，因为在过去80多年的时间里，它都做得很好。但是人家说不行。道理在于，由于它自己不可原谅的过失，它非但要被剥夺不当获利，还必须受到相应的惩罚。

发生在校园里的“荣誉造假”事件只是国内众多造假的一部分，比之更恶劣、危害更大的还有许多，诸如文凭造假、身份造假、产品造假、质量造假等。假的东西之所以层出不穷，原因固然很多，但很大程度上是因为“不做白不做”，造假者无须付出多大的成本，甚至于即使被发现也不需要付出任何代价。

这样的一种认识其实毫不新鲜，但问题是，它过长时间地停留在某些人的“认识层面”上，最终使得我们对许多类似造假事件的事后惩处几乎都无所作为，换言之，这使得我们无法从根本上遏止类似事件再次发生。这恐怕是我们必须接受的一个事实。而这样的一个现实已经在不断地提示我们：没有惩罚办法的规则是不具约束力的规则，缺乏惩处手段的制度注定是软弱的制度。

（原载于《工人日报》2002 年 9 月 6 日）

依靠改革不断获取动力

社会的发展需要获取足够的动力。这样一种力量，自然是源于一个社会的方方面面，其中最关键的还是人。日前见诸媒体的两则新闻，就涉及一些人的“动力问题”。

一则消息说，由10余家部委单位联合组织的中国企业经营管理者激励与约束机制及有关政策的研究，历时一年终于完成。有迹象表明，中国企业家薪酬制度改革将正式提上议事日程。另一则本报的消息说，反腐风暴过后，“腐败后遗症”的阴影开始在沈阳市的少数政府官员身上出现，具体表现为“礼不收了，脸好看了，但是，为基层办事的积极性也不高了”。

关于企业家激励机制的话题说了好些年，遗憾的是，这一话题至今还在延续。而所谓的激励机制，简单地讲不外乎两个问题：一是谁激励谁？二是怎么激励？如果抛开制度设计本身不谈，它最终要解决的就是企业家个人以及企业家队伍的“动力问题”。

企业家之于社会的作用，如今已得到越来越广泛的认同。而与此同时，另外一种现象也得到越来越普遍的关注：当企业家以自己的才华、智慧，通过企业这个市场的主体，为社会日复一日地创造财富的时候，他们自身却没能获得相应的回报。这样一种状况势必导致一些企业家出现动力问题，继而引发“59岁现象”、短视行为、不思进取等问题。

只讲牺牲精神，不讲物质利益，这是唯心论。从这个意义上说，中国企业家薪酬制度的改革，就是要通过一种制度安排的形式，激发企业家为企业、为社会创造更多财富的动力。

出现在沈阳一些政府部门的现象，却有另外一番耐人寻味之处。礼不收了，脸上也笑眯眯的，就是不办事。他们的“动力问题”到底出在哪儿了呢？我们绝不相信，对于其中的大多数官员来说，因为没有了礼金、礼品等实物的“交换”，他们就没有为基层办事的动力；我们更愿意相信，他们其实是为了避免麻烦、不招致猜疑，于是干脆啥事也不办了。

如果上述判断符合实际情况的话，那么由此凸显的制度缺陷是不可以忽视的——正是我们现行的某些制度，或者是一些制度的某些方面，使一些政府官员不需要、不产生动力。道理是明摆着的：没有“交换”就没有积极性，这样的官员本身就不合格，他们应该被清除出干部队伍，解决类似的问题相对来说还是容易的；而当在某一个地区，不是一两个人，而是一批人，不办任何事情却能在位子上坐得稳稳当当的，他们当然不会有动力，因为他们不需要。解决这样一些人的“动力问题”，只能从制度着手。

这就是改革。

我们知道，改革是为了解放和发展生产力。我们也知道，人是生产力中最活跃的因素。当家庭联产承包责任制在农村全面铺开的时候，几亿农民由此产生了极大的积极性；这一最初源于无数个体的动力，最终汇聚成了一种社会发展的动力。历史已经证明的这一宝贵经验，今天再次提醒我们：只能依靠改革来进一步激发社会方方面面的动力，并依靠这样一种基本力量进一步推动我们的改革开放进程。

（原载于《工人日报》2002 年 1 月 28 日）

以新的行为方式融入开放的社会

这是新年的第一个工作日。这一天与昨天没有什么本质的区别：日出东方，天道如常。

然而，就在不经意间，一种新的变化悄然而至。只要稍加留意一下元旦期间的报纸，相信每一个人都会有类似的感受。

其中，最为引人注目的莫过于一批新制度新法规从1月1日起开始实施。这一消息差不多成了网上转载率最高的一条新闻：大到产权交易程序，小如邮政汇款方式，远至海域使用，近到汽车降价，等等，反正，总能找出一样东西跟我们自己有着这样或者那样的关系。

“今起我国汽车业全面封杀氟利昂”，“广东今起在户口簿中不再加注户口性质”，“北京市今起免费代办外商投资项目”……媒体上这一系列的“今起”，在提醒我们不可以忽视社会生活正在或者即将发生诸多重大变化的同时，也给我们每个人以极大极深的触动。

新年有着太多的新气象，新年就要开始新的生活。应该说，在新的一年正式实施一批重要的条例法规，凸显着我国政府履行世界贸易组织协定和对外承诺，加快社会主义市场经济法律环境建设的鲜明特点。这一显著的特征使我们有理由对新的一年满怀期待，并且心情愉悦。今年是中国加入WTO后的第一年。加入WTO将促进社会的进一步开放，这一趋势在新年伊始就表现得非常明显非常强烈。可以预见的是，正如许多专家学者分析的那样，国际规范和惯例的逐步实施将首先对一些政府部门的职能转换发生影响，社会管理机制改革将由此获得更大的动力。在很多领域，规范意识的明确、透明度的增强和个人选择范围的扩大，将在新的一年里显示出积极势头。在这种情况下，社会生活领域的活跃程度将会进一步提高。

面对这样一种社会发展的大趋势，如何适应新的变化，融入更加开放的社会，无疑是我们必须思考并且努力去做的事情。多少年来，我们可能曾经习惯于某种思维定式，习惯于某种行为方式，正是这些我们曾经习以为常的东西，今天却可能对我们构成了挑战。因此，一批新条例法规的实施固然重要，它固然给我们带来了若干变化，但我们清楚地知道，最重要的最本质的变化在于人，在于每一个社会成员。

从这个意义上说，尽管新的变化已经出现，但最本质的、我们最期望的变化却远未到来。对于这一问题的认识，将直接影响到社会、群体和个人自身行为方式的调整。调整是必须的，因为我们的改革开放进入了一个全新的阶段，因为我们的社会发展将在逐步成型的新框架下推进；调整又是不可能一步到位的，因为它需要一个逐步的、适应的过程。所以当新的一年新的变化扑面而来的时候，我们不妨祈祷：让我们自身的变化来得更快一些吧！

（原载于《工人日报》2002年1月4日）

置法律于不顾的背后

面对法律，任何人都必须慎之又慎，在法治日益深入人心的今天，这应当是一个常识。

但是有人似乎并不理会这个常识：近日有关媒体披露，新疆一家上市公司公然委任一位刚因犯了受贿罪，被依法判处有期徒刑两年缓刑两年的罪犯担任总经理，掌管企业高达 4.5 亿元人民币的重要资产。公司董事长的解释是，任用这名罪犯不仅是为了公司的利益，也是为了对全体股东负责。

说实话，我们愿意用善良的眼光看待身边的一切，所以我们的第一反应仍然是：这家公司是不是不知道、不明白、不理解相关的法律？

我们真的宁愿是这样的。但细读整个报道，答案显然是否定的。

那么，解释只能有两种：要么是法律在一些人心目中无足轻重、形同一纸空文；要么是他们有难处、苦衷，实属利益使然或者铤而走险。

我国《公司法》第 57 条规定，犯有受贿罪的人在刑满五年之内不得在股份公司和有限责任公司担任董事、监事和经理职务。既然法律是明确的，既然不是不了解法律，那么这一事件的发生确实是耐人寻味的。我们从类似事件中至少产生了这样的感觉，有了法律并不等于有了一切，尽管有“法”，却没有“法”的威严，“法”的存在价值因此而大打折扣。当一些人认为有些东西，比如权力，可以大过“法”的时候，至高无上的法律就被逼到了一种尴尬的地步。

所幸我们已经对法律抱有信念。我们轻易不再相信如今的年代真有人可以无视法律。于是，顺理成章地便有了第二种解释：其实人家也是没办法啊！我们承认没有任何的证据去推测人家是否包含隐情，在大多数的情况下人们其实也难以了解这类事件的一些内幕，所以在此不如引用一位法律专家的观点：“它说明该公司在行为过程中并不是一个遵守法律的公司，换句话讲，该公司的行为规范中除了这一点不合法之外，或许还隐藏着更多的不合法……”

退一步讲，我们还愿意作一个假定，假定这家公司的解释并非事后的辩解。也就是说，他们“不仅是为了公司的利益，也是为了对全体股东负责”，事实上反映了某种特定条件下的真实心态。

但正是这种可能性让我们惊出了一身冷汗。原因在于，这种现象意味着，所谓企业的利益、股东的利益甚或国家的利益，并没有一套行之有效的机制作保证，并没有一套刚性的、可操作的制度作保证，而仅仅是建立在某一个人的能力、信誉等基础之上。尽管我们可能才刚刚进入市场经济的大门，尽管人们对市场经济的认识可能还停留在粗浅的水平，但这一现象所隐含的巨大社会风险公众仅略知一二。由此我们发现，或许这才是我们真正需要下大力气加以重视、加以解决的问题，因为，这一问题之普遍我们有目共睹。

（原载于《工人日报》2001 年 8 月 1 日）

必须坚决依法追究责任

连日来，媒体极为密切地关注着山西繁峙“6·22”矿难事态的发展。随着各项调查的逐步深入，人们相信，事故的所有真相，包括爆炸真相、伤亡真相、隐瞒不报真相以及一系列管理混乱的真相终将大白于天下，从而给世人一个交代。

面对这起隐瞒不报的特大事故，用“震惊”两字已经很难表达我们的复杂心情。当几十条生命被活活葬送之后，一些人忙于藏尸灭迹，欺上瞒下，其行为之恶劣，其手段之残忍，已超出了常人的想象，实是把人间的罪恶发挥到了极致。这些人的所作所为，不仅构成了对我们现行法律的严重挑衅，同时，还肆无忌惮地践踏着人类固有的道义。

尽管所有的结论必须等到事故彻底查清之后才能得出，但是，从目前已经暴露的问题来看，其中的一些应当引起全社会的严重关切。本报记者日前发自山西的一篇题为《人祸夺命》的报道，文中有一句话就相当耐人寻味：“在真相被初步揭开后，‘责任’二字成为一个敏感的话题。”

我们理解，之所以敏感，是因为一些人担心这件事与自己扯上干系，害怕危及自己的切身利益，所以不敢提及、不愿意听到“责任”这两个字。而从另外一方面讲，之所以敏感，也恰恰说明有些人心中不安甚至心中有鬼。唯其敏感，实为要害，因此，在一步一步地接近事实真相的时候，追究相关人的责任必定成为一个关键所在。

发生在山西繁峙的这一事件，其恶劣程度是近年来国内少有的，但就事故本身而言并不鲜见，相反，在全国的许多地方，类似的安全事故屡屡发生。新华社日前报道说：“一段时间以来，飞机空难、煤矿瓦斯爆炸、网吧大火等事故造成几十乃至上百人丧生，举国震惊”；而“最新统计数字显示，今年以来，中国矿山安全事故达 2014 起，造成 3393 人死亡”。如此之多的事故发生，如此之多的生命冤死，反映了我们在安全生产方面存在的诸多问题，例如，一些地方、一些部门安全意识不强，有章不循、监管不力，甚至于贪婪和权力互动催生腐败，等等。这些问题始终未能有效地加以根治，说到底，对于相关责任人的查处不力可能是其中的重要原因之一。

回到山西繁峙的事件上来。有报道说，当地官员在遇难者家属面前没有流过一滴泪，没有说过一句表示歉意的话语，以至于媒体和公众无论如何不能理解：一些人怎么能够这样麻木、这等冷漠？我们至今仍然不怀疑这些为数不少的当地官员的基本人性，他们之所以整齐划一地摆出一张张冷漠的脸，仍然是“责任”两字在作怪，他们是害怕自己稍微的“不慎”可能导致“引火烧身”。

如果我们的这一猜测不是离题太远的话，那么这是一种多么可怕的现实啊！事实上，任何人都不可以回避更不可以推卸自己本应承担的那份责任。因此我们说，对于类似的事件，必须坚决依法追究责任，以告慰那些屈死的亡灵。这当中，既包括追究刑事责任，也包括追究行政责任。应该说，对于一些人的刑事责任的认定相对来说还是容易的，而对于一些人包括一些领导干部的行政责任的认定和查处则往往要难得多。以往不少的经验告诉我们，这一工作需要我们花更大的力气、下更大的决心。

（原载于《工人日报》2002 年 7 月 8 日）

图书在版编目(CIP)数据

新闻文论集 / 刘家伟著. --北京: 社会科学文献出版社, 2020.8

ISBN 978 - 7 - 5201 - 6952 - 3

Ⅰ. ①新…　Ⅱ. ①刘…　Ⅲ. ①新闻工作 - 中国 - 文集②评论性新闻 - 作品集 - 中国 - 当代　Ⅳ. ①G219.2 - 53②I253

中国版本图书馆 CIP 数据核字 (2020) 第 133273 号

新闻文论集

著　　者 / 刘家伟

出 版 人 / 谢寿光
组稿编辑 / 刘　荣
责任编辑 / 单远举
特邀编辑 / 韩晓婵

出　　版 / 社会科学文献出版社 · 联合出版中心 (010) 59367011
地址: 北京市北三环中路甲 29 号院华龙大厦　邮编: 100029
网址: www.ssap.com.cn
发　　行 / 市场营销中心 (010) 59367081　59367083
印　　装 / 三河市东方印刷有限公司

规　　格 / 开 本: 889mm × 1194mm　1/32
印 张: 6.75　字 数: 136 千字
版　　次 / 2020 年 8 月第 1 版　2020 年 8 月第 1 次印刷
书　　号 / ISBN 978 - 7 - 5201 - 6952 - 3
定　　价 / 99.00 元